Das politische Kapital der Angst

Politische Manipulation
in den sozialen Medien

Bibliografische Information der Deutschen Nationalbibliothek:

Die Deutsche Nationalbibliothek verzeichnet diese Publikation in der Deutschen Nationalbibliografie; detaillierte bibliografische Daten sind im Internet über http://dnb.d-nb.de abrufbar.

Impressum:

Copyright © Studylab 2018

Ein Imprint der Open Publishing GmbH, München

Druck und Bindung: Books on Demand GmbH, Norderstedt, Germany

Coverbild: Open Publishing | Freepik.com | Flaticon.com | ei8htz

Inhaltsverzeichnis

Referat

Diese Masterarbeit befasst sich mit dem Potenzial der Angst für die Politik und wie dieses bereits heute nutzbar gemacht wird. Aufgrund der zunehmenden Bedeutung digitaler Medien im Zusammenhang mit politischer Meinungsbildung wurde das Hauptaugenmerk auf diese gelegt.

Der Schwerpunkt der Arbeit liegt dabei auf intensiver Literaturrecherche in Verbindung mit Recherchen in Social Media. Durch diese soll eine die Antwort auf die Fragestellung gegeben werden.

Vergleichend wurde weiter eine Analyse der Polizeilichen Kriminalstatistiken des Bundes aus 2015 und 2016, sowie der Asylzahlen aus diesen Jahren angefertigt und Wahl-kampfreden lokaler Politiker qualitativ untersucht.

Review

This Master's thesis deals with the potential of anxiety for politics and how it can be harnessed today. Due to the increasing importance of digital media in the context of political opinion formation, the main focus has been placed on them.

The emphasis of the work is on intensive literature research in connection with research in social media. Through this one should be given the answer to the question.

A comparative analysis of police crime statistics of federal from 2015 and 2016, as well as the asylum figures from these years was prepared and qualitative selection of election campaign speeches was conducted by local politicians.

Abbildungsverzeichnis

1 Einleitung

> „Unser Dealer sendet täglich seine Sicht der großen Welt.
> Perfekt gestylte Plastiklügen schenk uns den großen Rausch.
> Die Meinung gratis mitgeliefert -Denken war noch nie so leicht!
> Und wir marschieren gleichgeschaltet
> -Gleiches war noch nie so gleich.“
>
> aus: „Laut“
> Rosenstolz

Angst als eines der elementarsten, grundlegendsten Emotionen des Menschen ist der Motor für diverses menschliches Treiben. Als unangenehmes Gefühl ist sie nicht beständig, wechselt in Intensität und Dauer und dient im Ursprung dem Schutz vor (lebens-)bedrohlichen Situationen – als Frühwarnsystem und als Wegweiser. Schon im Mutterleib ist es Föten möglich, Angst zu spüren und sie werden durch das, auch bei Angst freigesetzte, Stresshormon Cortisol ihrer Mutter geprägt. Feten, welche dauerhaftem Stress ausgesetzt waren, sind postnatal regelmäßig ängstlicher als andere Säuglinge. Mittlerweile geht man davon aus, dass diese Prägung über Generationen hinweg mitgegeben werden kann (vgl. Wildermuth, 2015).

Auch und gerade im Säuglingsalter sind Ängste Auslöser für viele Verhaltensweisen, welche als problematisch eingestuft werden und teilweise als „langer Schatten“ das ganze Leben zu beeinflussen imstande sind. Für das kindliche Gehirn ist die Angst selbst neurologisch nachweisbar schädigend (vgl. ebd.). Aus diesem Grund waren die Angstbegriffe aus der Psychologie gleichwohl für die Pädagogik bedeutsam.

Doch nicht nur in diesen Wissenschaften wurde und wird allerlei zu diesem Thema geforscht, auch in der Philosophie war sie schon vor Jahrhunderten mit Interesse behaftet und mit Deutungen versehen. Heute wird die Angst zusätzlich zum Thema, wenn man sich mit der Politik beschäftigt, und ist damit von unabdingbarem Interesse für die Soziale Arbeit.

Soziale Arbeit und Politik – für viele Sozialarbeiter unvereinbare Gebiete und höchstens mit dem Doppel- beziehungsweise Trippelmandat verknüpft. Doch Staub-Bernasconi erklärte 2007 eindrücklich, welche Bedeutung die Soziale Arbeit als Sprachrohr für die Politik darstellt:

> „(…) mit ihrem Bezug auf die Menschenrechte erhält die Soziale Arbeit als Profession die Möglichkeit theoretischer wie ethischer Gesellschafts- und Trägerkritik. Sie ist also ´ohne politisches Mandat politikfähig´ (Müller, 2001) und vor allem schließt Professionalität diese gesellschaftsbezogene Politikfähigkeit nicht aus, sondern ein. Aber, so paradox es klingen mag: die zentrale Voraussetzung für die Politikfähigkeit der Sozialen Arbeit als Profession ist ihre Entkoppelung von der Politik und ihrer Repräsentanten." (Staub-Bernasconi, 2007, S. 7.)

> „(…) Wissenschaftsbasierung und Berufskodex verschaffen also der Sozialen Arbeit nicht nur die Basis für unabhängige Urteile über Situation, Probleme, deren Erklärung und Bewertung sowie über die Wahl von Vorgehensweisen, sondern zudem auch eine eigene, allgemeine Legitimations- und Mandatsbasis für eigenbestimmte, professionelle Aufträge. Sie muss bei gravierenden Problemen nicht unbedingt auf ein Mandat, einen Auftrag oder Vertrag warten, der ohnehin auf sich warten ließe." (Staub-Bernasconi, 2007, S. 7)

Ein solches Mandat ist erkennbar, wenn man die aktuellen, politischen Entwicklungen in der Bundesrepublik betrachtet:

Die Manipulation über Emotionen, also auch der Angst, war seit jeher Mittel (nicht nur) populistischer Parteien. Gegenwärtig führt diese jedoch zunehmend zu einer Spaltung der Gesellschaft und stellt eine ernst zu nehmende Gefahr für das freiheitlich-demokratische Zusammenleben dar. Hier ist die Soziale Arbeit auch als Feld der Auseinandersetzung zu verstehen, in welchem die Interakteure diesen Mechanismen ausgesetzt sind. Es ist Aufgabe des Sozialarbeiters/der Sozialarbeiterin, diese zu (er-)kennen und entsprechend innerhalb der Arbeitsbereiche zu agieren.

In dieser transdisziplinären[1] Masterthesis soll folglich zunächst in Kapitel 1 die Frage geklärt werden, wie sich der Angstbegriff definiert und welche psychologischen Phänomene diese zu manifestieren imstande sind. Im nächsten Schritt folgt

---

[1] *Transdisziplinarität:* Interdisziplinarität wird klassisch nicht als echte Interaktion zwischen Disziplinen verstanden, sondern als fachliche und disziplinäre Parzellierung einzelner Problemstellungen. Transdisziplinarität versteht in Folge das Überschreiten fachlicher Grenzziehungen nicht nur im wissenschaftlichen, sondern auch im nichtwissenschaftlichen, gesellschaftlichen Bereich. Sie meint das Lösen einer Problemstellung mit disziplinunabhängigen Definitionen bei einem gemeinsamen „axiomatischen System". Dieses soll die erkenntnistheoretischen Grundlagen gegenseitig verstärken, sowie die komplexe Schnittstelle Wissenschaft und Gesellschaft abbilden. Entsprechend sind die Themen nicht von disziplinärer Ordnung oder Spezialisierung geleitet, sondern sollen als Methode eines Organisations-, Arbeits- und Forschungsprinzips verstanden werden (vgl. Balsinger, 2005, S. 174ff und vgl. eigene Publikation, in: Mayrberger, Dr. (Hrsg.), 2018, S. 131f).

eine Ist-Analyse der kriminalstatistischen Lage: Unter Einbeziehung der Daten aus den Polizeijahrbüchern 2015 und 2016 sowie verschiedener Studien wird untersucht, wo die Wahrnehmung der Menschen und der Medien mit der tatsächlichen Gefahrenlage konform gehen beziehungsweise an welcher Stelle sie sich scheiden. Daraus hergeleitet werden Risiken, welche mögliche Widersprüchlichkeiten bergen. Zu finden ist dies im Kapitel 2.

Im sich anschließenden Kapitel 3 finden sich Methoden, wie sich Akteure, beispielsweise aus der Politik, diesen basalen Affekt methodisch nutzbar machen können.

Bei der Recherche, vor allem in sozialen Netzwerken, sollen in Kapitel 4 zudem rechtspolitisch/konservativorientierte Bewegungen untersucht werden und wie diese sich auf die Meinungsbildung, weiterreichend auf die Interaktion in der realen Umgebung, auswirken. Ein Zusammenspiel aus Meinungsäußerungen auf öffentlichen Internet-Profilen oder in besagten Gruppen, medialem Auftreten und realer Gegebenheiten zeigt die Dimensionen der Einflussnahme auf. Exemplarisch geschieht das an Lokalpolitikern innerhalb ihres Wirkungskreises, der Stadt Chemnitz.

Kapitel 5 rundet die vorliegende Arbeit ab, in dem sie die Bedeutung dieser Interaktionen verdeutlicht und mögliche Lösungsansätze anbietet.

2 Der Angst-Begriff

2.1 Der Angst-Begriff in der Psychologie

„Angus", der althochdeutsche und mit dem lateinischen „angustus" verwandte Wortursprung des Begriffes „Angst", bedeutet so viel wie „eng". Angst, im psychologischen Sinne, steht damit umschreibend für „(die Kehle) zuschnürend" (vgl. Deutscher Verein für öffentliche und private Vorsorge (Hrsg.), 2002). Es wird klassisch unterschieden in die „Zustandsangst" oder „Realangst" und die „Eigenschaftsangst"[2]. Hier muss zu den Angststörungen, also den krankhaften Ausprägungen, abgegrenzt werden. Die Hauptsymptome dieser Störungen stellen Manifestationen der Angst dar, welche auf keine bestimmte Umgebungssituation bezogen sind. Das ICD-10 definiert, das Depressive- und Zwangssymptome als auch Elemente phobischer Angst vorhanden sein können, wobei vorausgesetzt sei, sie sind eindeutig sekundär oder weniger ausgeprägt (vgl. DIMI, 2018, F41).

Eingeordnet sind Angststörungen in der medizinischen Definition unter „Neurotische, Belastungs- und somatoforme Störungen (F40-F4), wobei die Verbindung mit einer Störung des Sozialverhaltens exkludiert ist. Sie gehören zur großen Gruppe der Psychischen- und Verhaltensstörungen (vgl. ebd.).

Die medizinische Beschreibung der jeweiligen Störungen, die unter dem ICD-10-F41.f mit „Andere Angststörungen[3]„ festgehalten sind, machen deutlich, dass der

---

[2] **Zustandsangst/ Realangst:** Angst, die zu einem bestimmten Anlass auftritt und damit formell dem früher gebräuchlichen Begriff der Furcht am nächsten kommt. Sie setzt abrupt, als Reaktion auf eine akute oder vorausgeahnte Gefahr ein. So werden Hormone wie CRH (Corticotropin-Releasinghormon), Adrenalin und Noradrenalin ausgeschüttet (vgl. Wehner, o.J.), was zur Erhöhung des Muskeltonus führt, Herzschlag- und damit Pulsfrequenz nehmen zu. - Der Körper ist leistungsbereit, der Geist ist hochkonzentriert. Wenn die Gefahrensituation vorüber ist, klingt die Stressphase wieder ab, es stellt sich Entspannung ein (vgl. Deutscher Verein für öffentliche und private Vorsorge (Hrsg.), 2002).

[2] **Eigenschaftsangst:** Sagt aus, dass ein Mensch zeitlich überdauernd die Bereitschaft zeigt, mit erhöhter Angst zu reagieren. Diese Angst ist im Gegenzug zur Realangst eher latent in ihrer Ausprägung, wird dennoch als unangenehmes Gefühl der Unruhe, Angespanntheit, Enge oder des Bedroht-seins erlebt (vgl. Deutscher Verein für öffentliche und private Vorsorge (Hrsg.), 2002).

[3] **Andere Angststörungen:** umfassen die „Panikstörung [episodisch paroxysmale Angst]", die „generalisierte Angststörung", welche die Angstneurose, Angstreaktion und den Angstzustand beinhalten, „Angst und depressive Störung, gemischt", als auch sonstige spezifische Angststörungen bzw. nicht näher bezeichnete Angststörungen. Gemein ist ihnen, dass sie wiederkehrend oder generalisiert-anhaltend, ohne spezifische Situation oder Umstände, mit

Übergang zwischen einer regulären und der pathologischen Angst fließend sein kann, insbesondere bei der „Generalisierten Angststörung": „Die Angst ist generalisiert und anhaltend. Sie ist nicht auf bestimmte Umgebungsbedingungen beschränkt, oder auch nur besonders betont in solchen Situationen, sie ist vielmehr „frei flottierend". Die wesentlichen Symptome sind variabel, Beschwerden wie ständige Nervosität, Zittern, Muskelspannung, Schwitzen, Benommenheit, Herzklopfen, Schwindelgefühle oder Oberbauchbeschwerden gehören zu diesem Bild. Häufig wird die Befürchtung geäußert, der Patient selbst oder ein Angehöriger könnten demnächst erkranken oder einen Unfall haben." (DIMI, 2018, F41.1) Auch Schizophrenie, schizotype und wahnhafte Störungen, Affektive Störungen sowie Persönlichkeits- und Verhaltensstörungen gehen zum Teil mit gesteigerter Neigung zu Ängsten einher, sodass es von außen, jedoch auch für den Betroffenen selbst, oftmals nur schwer zu beurteilen ist, ob die Ängste, insbesondere die Eigenschaftsängste, noch alltäglich sind oder schon einer psychischen Störung entspringen. Kaum abgrenzbar erscheint dies bei Anhängern ausgeprägter Verschwörungstheorien, da hier bisweilen der Faktor der subjektiven Wahrheit Beachtung finden muss.

2.2 Der Angst-Begriff aus Sicht der Philosophie

Der nicht genau definierte und eher aus dem Philosophischen entstammende, an die Eigenschaftsangst angelehnte Begriff der „abstrakten Angst", wurde schon vor rund 1700 Jahren durch Aristoteles vorgeprägt. Er trennte den Angstbegriff in die „niedrige Furcht vor Strafe [und] der höher bewerteten Furcht vor Schuld aus Ehrfurcht vor Gott." (Althoetmar, 2016, *Ev.d.A.*) Später erklärte Kierkegaard sie als „existenzielle Angst, als Wesensmerkmal menschlichen Denkens und der Willensfreiheit." (ebd.) Die Religion, als eine Glaubensinstanz, sollte dieser Angst Abhilfe schaffen (vgl. ebd.). Heidegger führte diesen philosophischen Ansatz der Angstdefinition dann weiter und erklärte „Angst [als] eine Grundbefindlichkeit, in der das Dasein auf sich selbst zurückgeworfen wird. In der Angst eröffnet sich der Existenz ihre Endlichkeit und ihre Nichtigkeit, denn der Mensch empfindet das Dasein als ‚Sein zum Tode'." (ebd., *E.d.A*) Der Mensch fürchtet sich also, weil er begreift, dass er im Grunde genommen allein ist, der Lebenssinn nicht existent und der

---

psychosomatischen Symptomen auftreten. (vgl Deutsches Institut für Medizinische Dokumentation und Information (Hrsg.), 2018, F44.1)

Tod unausweichlich ist. Jede Beziehung, die er führt, ist abhängig vom Sinnzusammenhang des anderen und unbeherrschbar.

Vor diesem Hintergrund des psychologischen und philosophischen Angstverständnisses kann man erahnen, dass Angst ursprünglich, wie eingangs genannt, das menschliche Überleben sichern sollte, doch mittlerweile zunehmend irrational ist. In der Wohlstandsgesellschaft ist die Angst vor elementarer Bedrohung durch Hunger, Kälte, Raubtiere etc. oft nicht mehr notwendig. Entsprechend haben sich neue Ängste herausgebildet: Die Angst vor Atomkraft, vor Arbeitslosigkeit oder vor genetisch veränderten Lebensmitteln. Diese neuen Ängste verbergen jedoch ebensolche elementaren, für den Einzelnen existenziellen, Ängste; treten stellvertretend auf. Es ist die Angst vor Kontrollverlust, vor dem Verlust des eigenen Status, der eigenen Identität oder die Angst vor dem Unbekannten. Insbesondere bei Veränderungen und in unbekannten Situationen tritt diese auf, da der Mensch sein Gewohntes, und damit seine gefühlte Sicherheit, zu verlieren droht.

2.3 Psychologische Phänomene

Menschen neigen dazu, Ängste anderer, welche sie nicht nachvollziehen können, der Lächerlichkeit preiszugeben oder versuchen diese denjenigen mittels mehr oder weniger rationalen Argumenten auszureden. Um verständlich zu machen, weshalb dies nur selten von Erfolg gekrönt ist, ist es wichtig, einige psychologische Phänomene zu kennen. Dabei stellen diese holzschnittartig aufgeführten nur eine Auswahl dar.

Konstruktivismus/Wahrheit und Wahrhaftigkeit

Die Theorien aus Psychologie, Pädagogik und Philosophie zum Konstruktivismus beinhalten die Grundthese, dass der Mensch keinen unmittelbaren Zugriff auf die objektive Realität hat, wenngleich es diese gibt. Er kann entsprechend nie die wirkliche Beschaffenheit der Dinge erkennen, sondern ausschließlich das, was er mit seinen Sinnen aufnimmt und vor dem Hintergrund seiner Erfahrungen interpretiert. Somit sagt der Konstruktivismus aus, dass jedes Individuum ein individuelles und subjektives Bild seiner Umwelt konstruiert. Aufgrund verschiedenster, persönlicher Erfahrungen entsteht so eine kognitive Landkarte der Welt, welche den Menschen in seiner, ihm eigenen, Weltsicht immer wieder beeinflusst und weiter konstruiert. Dieses Konstrukt ist ab dem Jugendalter weitgehend stetig.

Daraus leitet sich ab, dass es keine, für jedermann gültige Wirklichkeit gibt, sondern viele *subjektive Wirklichkeiten*, welche parallel jeweilige Berechtigung haben (vgl. Mair, 2005). Die Idee darüber, dass das jeweilige Gegenüber eine eigene Weltsicht mit eigenen Gefühlen, Bedürfnissen und Absichten hat, ist dabei ein Grundverständnis des zwischenmenschlichen Handelns und beginnt sich bereits im Kindesalter herauszubilden. Dieses Phänomen wird als „Theory of Mind[4]" bezeichnet.

Damit erklärt sich der Unterschied zwischen *Wahrhaftigkeit* und Wahrheit: Wahrhaftigkeit meint, dass ein Individuum, entsprechend seiner subjektiven Wirklichkeit, glaubt, was er äußert. Die Divergenz von Wahrhaftigkeit ist der Irrtum.

Die *Wahrheit* hingegen beruht auf nüchternen Fakten der objektiven Wirklichkeit. Allerdings ist es nicht möglich Fakten ohne die eigene Konstruktion zu bewerten, sodass auch niemals von einer objektiven, sondern immer nur von einer *subjektiven Wahrheit* gesprochen werden kann. Wer entgegen der darum wissenden Fakten argumentiert, also wissentlich entgegen der Wahrheit, lügt.

Philosophisch stellen sich unteranderem Fragen danach, ob die konstruktivistische Einsicht selbst eine objektive Tatsache ist und wenn ja, wie man in diese objektiv-wahre Einsicht gelangt, wenn alles Objektive unzugänglich ist.

Durch die Idee des Konstruktivismus wird deutlich, dass es keine Wahrheit gibt, die ein Individuum objektiv erfassen kann, sondern sich dieser immer nur nähert. Daraus resultiert, dass hinsichtlich der menschlichen Ängste eine rein objektive Herangehensweise kaum zielführend ist, da man dabei das konstruierte Weltbild weitgehend außer Acht lässt. Zudem sind alle konstruierten Wirklichkeiten, unabhängig ihrer, für andere, Nachvollziehbarkeit, gleichberechtigt. Entsprechend gilt es, diese in sich ernst zu nehmen und empathisch zu erschließen, ohne die eigene in ihrer Geltung über sie zu stellen.

---

4   *Theory of Mind:* In der Psychologie und der Hirnforschung versteht man darunter die Fähigkeit, Bewusstseinsvorgänge (Gefühle, Bedürfnisse, Ideen, Absichten, Erwartungen, Meinungen) anderer Personen zu antizipieren bzw. das eigene und das Verhalten anderer durch Zuschreibung mentaler Zustände zu interpretieren. Man kann zwei Arten unterscheiden: Kognitiv („ich weiß, was du weißt") und eine Affektive („ich weiß, was du fühlst"). Manche Menschen wissen daher zwar, wie die anderen denken, aber sie können nicht emotional nachvollziehen, wie sich die anderen Menschen fühlen, sodass sie kein empathisches Verhalten/ kein echtes Mitgefühl zeigen können (vgl. Stangl, 2018).

Kognitive Dissonanz

Die „kognitive Dissonanz" bezieht sich im Wesentlichen auf Luhmanns Systemtheorie und Selbstreferenz der Kommunikation, wonach die Kommunikation eine Eigenschaft von Systemen[5] darstellt.

Nach ihm bestehen und entstehen Systeme durch und aus Kommunikation. ***Selbstreferenz*** heißt bei ihm, dass sich der Sinn des Gesagten erst in der Kommunikation, durch jeweilige Selektion, erschließt und erzeugt wird. Daraus wird hergeleitet, dass Systeme immer auch selbstreferenziell geschlossen sind, sodass man in der Kommunikation immer Bezug auf sich selbst nimmt. Das bedeutet, dass alles, was ein anderer sagt, immer durch den „eigenen Filter" aufgenommen und gedeutet wird.

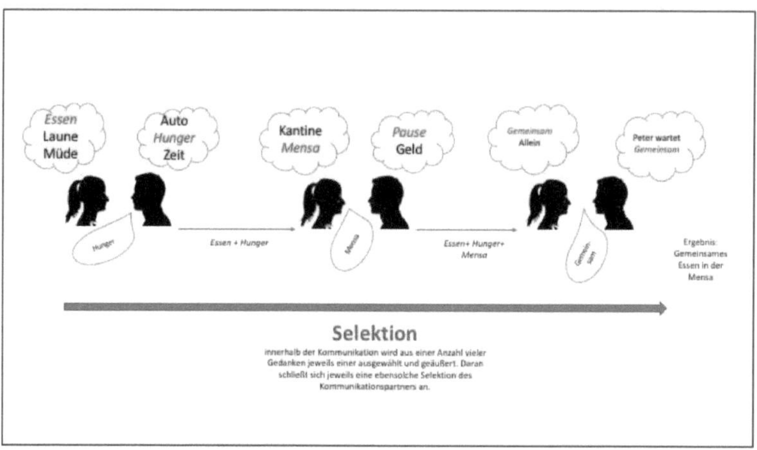

Abbildung 1 Beispiel: Selbstreferenz in der Kommunikation

Im abgebildeten Beispiel ist zu Beginn der Kommunikation noch nicht klar, weshalb ein Gesprächspartner äußert, dass er Hunger hat. Er könnte, neben anderen Gedanken, die er hat, damit meinen, dass er eine Pause benötigt, noch kein Frühstück hatte oder das Bedürfnis nach Essen seinen Gemütszustand beeinflusst.

---

[5] ***Systeme*** in der Psychologie sind von der Umwelt abgrenzte, strukturierte Ganzheiten, deren Elemente in Wechselwirkungen miteinander stehen. Dies kann der Organismus respektive der Mensch selbst, als auch eine ganze Organisation sein. In Luhmanns Systemtheorie meint sie vor allem eine gesellschaftliche Umwelt mit ihren individuellen Handlungen und Interaktionen. Entsprechend kann man einzelne Komponenten eines Systems nur ändern, wenn man das ganze System versteht und bewegt.

Passend zum Gesagten spricht das Gegenüber aus, dass es etwas essen mag, wenngleich es ebenfalls andere Gedanken kommunizieren könnte. Aus welchem Grund die jeweilige Selektion getroffen wurde, erschließt sich erst im Verlauf des Gespräches. Das Ergebnis wird in diesem Verlauf erzeugt, nach dem jeweils weitere Selektionen hinsichtlich der Rahmenbedingungen getroffen wurden: Man geht gemeinsam Essen. Dies war zu Beginn nicht vorhersehbar, das Ergebnis war *offen*, **kontingent** genannt. Da die Ergebnisse der Kommunikation zu jeder Zeit auf beiden Seiten offen sind, man somit dieses nie als „wenn-dann"-Regel verstehen kann, spricht man von einer **doppelten Kontingenz.**

In der Selbstreferenz kann man an dieser Stelle eine Wiederholung des Konstruktivismusgedankens erkennen: Auch Kommunikation und zwischenmenschliche Interaktion sind ein Ergebnis von eigenen Deutungen, basierend auf der individuell konstruierten Wirklichkeit.

Wenn die sozialen Systeme nicht übereinstimmen, also mehrere **Kognitionen** (Wahrnehmungen, Gedanken, Meinungen, Einstellungen, Wünsche, Absichten) nicht miteinander vereinbar sind, entsteht ein als unangenehm empfundener Gefühlszustand. Um diesem zu entgehen, sprich diese **kognitiven Dissonanzen** auszugleichen, versucht das Individuum diese zu vermeiden. Die Stärke dieser Dissonanzen hängt unter anderem von der Anzahl dissonanter und konsonanter Elemente, deren Relevanz, dem Gefühl von Freiwilligkeit oder Verantwortlichkeit und der Verankerung im kognitiven System ab (vgl. Busse, 2017).

Im Alltag ist das Individuum ständig kognitiven Dissonanzen ausgesetzt. Da der Mensch jedoch ein Bedürfnis nach einem Gleichgewicht hat, hat er mehrere Strategien um Kognitionen miteinander vereinbar zu machen, wobei diese Anstrengungen unterschiedlichste Stärke erfordern: Oftmals werden die dissonanten Elemente ignoriert und/oder abgewehrt. Da das Ausblenden nur geringen Aufwand darstellt, ist dies die häufigste Methode des Ausgleichs. Weiter wird die Stabilität gesucht, indem konsonante Elemente hinzugefügt werden - das sogenannte „Schönreden". Die aufwendigste und deshalb nur dann, wenn die Relevanz groß erscheint, genutzte Variante ist das differenzierte Auseinandersetzen mit allen Elementen, um im Anschluss seine Einstellungen, die Meinung oder das Wissen anzupassen (vgl. ebd.).

In Bezug auf das konstruierte Weltbild verstärkt oder entstanden durch Ängste, bedeutet das, das scheinbar rationale Argumente, welche zu jener kognitiven Dissonanz führen, nur selten zum differenzierten Überdenken und resultierender

Meinungsänderung führen, sondern sehr viel häufiger einfach ausgeblendet oder abgewehrt werden.

(Re-)Fraiming

Die Denkmuster, Zuschreibungen und Erwartungen des Menschen weisen in der Regel einen Rahmen, den sogenannten *frame*, auf. Dieser bildet die Ordnung, nach der Ereignisse interpretiert und wahrgenommen werden (*fraiming*). Entsprechend des Bedeutungsakzentes des Einzelnen wird durch dieses fraiming ein scheinbar gleiches Ereignis von unterschiedlichen Menschen auch unterschiedlich besetzt. Es steht immer im Kontext der eigenen Erfahrungen und des eigenen Selbst- und Weltbildes (vgl. Reich, 2003, S. 1ff).

Gelingt es dem Individuum seinen eigenen Blickwinkel zu verändern, also dem Ereignis eine neue Bedeutung zukommen zu lassen, dann wird dieses als *„refraiming“* (Umdeutung) bezeichnet. Eine solche Rahmenverschiebung des Erlebens kann dabei durch externe und interne Ereignisse begründet sein.

Beispielsweise funktioniert nahezu jeder Witz nach dem Refraiming-Prinzip: Ein kontextbezogenes Ereignis wird in einen unerwarteten Kontext verrückt. Refraiming ist im Grunde eine Alltagskompetenz, die jeder besitzt (vgl. ebd., S. 3f).

Eine Grundannahme des Refraimings ist, dass alle Erfahrungen im menschlichen Leben nur dann einen Sinn ergeben, wenn man dessen Rahmen, also den Kontext, kennt. „Watzlawick u. a. setzen in ihren Ausführungen die Annahme voraus, dass eine isolierte Betrachtung des menschlichen Verhaltens nicht sinnvoll oder gar unmöglich ist. Es bleibt unerklärlich, wenn es nicht innerhalb einer bestimmten Umwelt, eines Kontextes betrachtet und analysiert wird. Darauf aufbauend kann konstatiert werden, dass grundsätzlich jedes Verhalten einen sozialen Sinn macht, wenn es bei den Wahrnehmenden nur im ‚richtigen‘ Kontext auftaucht.“ (Reich (Hrsg.), 2003, S. 4)

Grundlegend für das Refraiming ist außerdem eine Trennung von Funktion und Verhalten. Wie sich jemand verhält, erklärt noch nicht die *Funktion* des Verhaltens im System. Verhaltenssymptome sind immer nur die Oberfläche, hinter welcher stets ein – möglicherweise für den Handelnden unbewusster – Sinn für die Kohärenz des Gesamtsystems steckt (vgl. ebd., S. 5ff).

Entsprechend des systemischen Denkens wird der Mensch bei diesem Konstrukt in Gänze betrachtet, wenngleich ihm bewusste und unbewusste Elemente innewohnen. Der eben benannte Konstruktivismus weist allerdings darauf hin, dass selbst eine ganzheitliche Sicht immer nur eine Beobachtersicht ist, die in dem was sie behauptet, ein Weltbild konstruiert (vgl. ebd., S. 4), sodass dieses Konstrukt des Rahmens, den man von außen versucht zu verstehen, auch immer nur so weit zu verstehen ist, wie man sein eigenes fraiming und konstruiertes Weltbild versteht.

Fraiming entsteht unbewusst. Bezogen auf menschliche Ängste, welche immer auch in entsprechenden Rahmen entstehen und gleichzeitig einen Rahmen für neues Erleben bilden, kann man ein Reframing der Ängste durch äußere Impulse nur dann erreichen, wenn man den benannten Kontext dieser Ängste, sowie diese entsprechend des eigenen Konstruktivismus, betrachtet. Man muss sich stets fragen, welche Bedeutung und welchen Sinn eine Angst des Menschen hat; welche positive Besetzung diese womöglich für ihn mitbringt und ob eine Änderung des Deutungsmusters notwendig ist, oder viel mehr auf dem eigenen, subjektiven Weltbild basiert. Weiter erklärt das Reframing, ebenso wie der Ausgleich kognitiver Dissonanzen, weshalb scheinbar eindeutige Fakten von Menschen unterschiedlich bewertet und in neuen Kontexten gesehen werden.

Verzerrung

Schon mit der Grundidee des Konstruktivismus und der Systemtheorie kommt man unweigerlich zur Annahme, dass Wahrnehmung immer auch „verzerrt" ist. Doch was genau versteht man unter einer ***Wahrnehmungsverzerrung***?

Unter diesem dem Begriff finden sich eine Vielzahl Bedeutungen, Phänomenen und Hypothesen über die Wahrnehmungen, Erwartungen und Vorstellungen des Menschen. In der Psychologie unterscheidet man drei Felder, die Fehlleistungen unserer Wahrnehmung beschreiben:

Die ***Wahrnehmungsstörung,*** als eine konkrete neurologische Störung, welche die Verarbeitung unserer sinnlichen Wahrnehmung betrifft.

Die ***Wahrnehmungstäuschung*** beschreibt, wenn es erklärbare Gründe dafür gibt, dass messbare physikalische Phänomene in unserer sinnlichen Wahrnehmung anders erscheinen.

Und der ***Wahrnehmungsfehler*** (oder auch ***kognitive Verzerrung***), der im allgemeinen Sprachgebrauch mit dem Begriff der Wahrnehmungsverzerrung gemeint wird. Obwohl die Grenzen teilweise fließend sind, steht hinter dem Wahrnehmungsfehler, im Unterschied zur Wahrnehmungsstörung, kein konkreter neurologischer Defekt. Hier handelt es sich in erster Linie um falsche oder ungenaue

Wahrnehmungen bzw. Eindrücke von Personen, Dingen und Situationen, die uns zu irrationalen Urteilen führen. Bei der kognitiven Verzerrung geht es also um einseitige, befangene Wahrnehmungen (vgl. Softskills (Hrsg.), o. J.).

Zu den „cognitive bias" zählen mittlerweile eine Vielzahl bekannter Phänomene, von denen ausgewählte an dieser Stelle vorgestellt werden sollen.

Halo-Effekt	Einzelne, als positiv oder negativ wahrgenommene, Merkmale überstrahlen das Gesamtbild. Dadurch werden Einzelaspekte auf die Gesamtperson verallgemeinert, sodass aus einzelnen Eigenschaften Folgeeigenschaften zu einer Gesamtassoziation abgeleitet werden. Bsp.: Weniger attraktiven Menschen werden oft auch eher negative soziale Eigenschaften zugeschrieben und umgekehrt.
Primär-Effekt	Alle dem ersten Eindruck folgenden Wahrnehmungen und Informationen werden so gewertet, dass sie den ersten Eindruck nachhaltig stützen. Der erste Eindruck, den ein Mensch von einem anderen bekommt, wirkt ähnlich wie der Halo-Effekt: Andere Eigenschaften werden nicht gesehen oder übersehen.
Rezenz-Effekt/Nikolaus-Effekt	Kontrovers zum Primäreffekt steht der Rezenzeffekt, bei welchem später eingehende Informationen stärkeres Gewicht erhalten. Entsprechend prägen die zuletzt erhaltenen Informationen stärker das Bild, als solche aus der Vergangenheit, wenngleich diese oft nicht in der Intensität des Primäreffektes nachhallen. Beispielsweise ist die Benotung des Verhaltens vor allem an Schulen maßgeblich von den Wochen vor entsprechender Lehrerkonferenz abhängig – sehr viel weniger als eine Verhaltensänderung zu Beginn des Schuljahres.

Projektion	Dieser Wahrnehmungsfehler wird maßgeblich durch Freuds Abwehrmechanismen geprägt und zeigt damit, dass die Projektion in vielen Teilbereichen der Psychologie eine Rolle spielt: Aus Sympathie oder Antipathie, die i. d. R. aus Eigenschaften entsteht, die wir an uns selbst mögen oder ablehnen, entstehen Wahrnehmungsverzerrungen. Menschen, mit denen wir etwas gemeinsam haben, werden positiver eingeschätzt, gleichzeitig sehen wir eigene, als negativ empfundene oder abgelehnte Eigenschaften, die wir uns selbst gegenüber unbewusst gemacht haben, bei anderen sehr viel deutlicher und versuchen diese dort stellvertretend zu bekämpfen.
Stereotype	Stereotypen sind vorgefasste Meinungen über soziale Gruppen. Menschen in der Umgebung in verschiede Kategorien einzuordnen und mit vermeintlich passenden Informationen zu ergänzen geschieht dabei meist als Automatismus. Die so zugeordneten Muster helfen, der Komplexität des Lebens zu begegnen und eigene Zugehörigkeit ausreichend spürbar zu machen.
Aufmerksamkeitsfehler/Selektive Wahrnehmung	Die Wahrnehmung konzentriert sich auf bestimmte Merkmale aus der Menge der Gesamteindrücke, während gleichzeitig andere Reize mehr oder weniger ignoriert werden. Man sieht nur das, was gerade wichtig erscheint, alles andere wird übersehen.

Tabelle 1 Wahrnehmungsfehler. Auswahl. Quelle: Manufaktur für Wachstum GmbH

Auch Angst wird oft als Wahrnehmungsfehler beschrieben. Aus Angst, beispielsweise vor offener Konfrontation, vor Entscheidungen oder vor Liebesentzug wird unentschlossen gehandelt, ausgesessen oder die Auseinandersetzung an eine stellvertretende Stelle übertragen. Mit Angst besetzte Situationen und Informationen werden anders wahrgenommen, als solche in denen man sich wohlfühlt. Entsprechend verrückt der Fokus im Alltag auf angstauslösende Inhalte (vgl. Manufaktur für Wachstum GmbH (Hrsg.), 2018).

Schaut man sich die psychologischen Phänomene an, so kommt man nicht umhin sich der Angst des Anderen anzunehmen, wenn man ihr begegnen und auf sie Einfluss nehmen will. Faktenwissen ist zwar basal, doch da Ängste affektiert und nicht objektiv konstruiert sind, sind die emotionale Zuwendung, das Ernstnehmen und aufrichtige Auseinandersetzung sehr viel bedeutsamer. Gleichsam heißt das auch, dass das Füttern vorhandener Ängste ohne Fakten besonders dann funktioniert, wenn das auf emotionaler Ebene stattfindet: Wer affektiv-intentional, also einfühlend und empathisch, kommuniziert, kann auf Ängste seines Gegenübers positiv wie negativ einwirken.

3 Angst als Potenzial für die Politik

Dieser Umstand ist nicht nur im Kleinen, sprich in direkter Interaktion mit dem Einzelnen, möglich, sondern kann ganze Gruppen erreichen.

Angst ist ein Affekt, welcher in einer Gesamtstimmung mitschwingt. Wenn man also gezielt auf die Ängste einwirkt, so wirkt man unweigerlich auch auf die Stimmung ein. „Während Emotionen dem Wetter gleichen, das kommt und geht, sorgen Stimmungen wie das Klima über längere Zeiträume hinweg für Grundtendenzen." (Schreiber, 2017) Menschen befinden sich immer in einer positiven oder negativen Stimmung. Es geschieht nie, dass sie sich in keiner oder einer neutralen Stimmung befinden, auch wenn sie dies vielleicht annehmen. Stimmung ist also immer da; positive oder negative Gefühle können in ihr mehr oder weniger in den Vorder- oder Hintergrund rücken (vgl. Eder, 2017).

Der Mensch braucht das Gespür für die ihn umgebenen Stimmungen. Eine soziale Interaktion funktioniert nur dann, wenn man sich (intuitiv) in andere hineinversetzt, deren Stimmung aufnehmen kann. Menschen fangen also unbewusst Stimmungen auf und passen sich an. Stimmungen erfüllen seit Urzeiten die Funktion, dass sie über aktuelle Ereignisse und wichtige Zusammenhänge in der Umwelt informieren und damit dem Individuum helfen, sich darin besser zurechtzufinden. Diese Fähigkeit, die Theory of Mind, ist so prägnant, dass diese bereits mit der Geburt vorhanden ist und sich im Laufe des Heranwachsens weiter herausbildet. Nur Menschen, die zu keiner Empathie fähig sind, können keine Stimmungen auffangen (vgl. ebd.).

Mit der Aufnahme der gesellschaftlichen Stimmung hat man also ein großes Kapital, diese nachhaltig zu beeinflussen.

Wer ängstlich ist, ist manipulierbar, stärker als der, der eine zuversichtliche Grundhaltung einnimmt. Deshalb sind Ängste unlängst zum politischen Faktor geworden. Heinz Bude verweist auf die Grundgedanken von Heidegger, dass jede Erkenntnis eine von außen *gestimmte* Erkenntnis ist, sowie jeder Weltbezug ein ebenso von außen *gestimmter* Weltbezug ist. Dadurch sind Stimmungen, die als unfokussierte Wertungszustände bezeichnet werden, bedeutender um kollektive Veränderungen zu erfassen, als harte Fakten: Enttäuschungen und Hoffnungen der Bürger beeinflussen politische Wahlen weitaus mehr als Argumente der Kandidaten (vgl. Bude, 2017). Wenn ein Mensch in negativer, besorgter Stimmung ist, dann wird er eher auf angstauslösende Dinge achten als auf diese, die Chancen eröffnen.

Wenn eine politische Wahl ansteht, ist deshalb für diesen besorgten Einzelnen von besonderem Interesse, wie Kandidaten mit Gefahren und Bedrohungen umgehen (vgl. Eder, 2017). Für das politische Kapital der Angst bedeutet das weiter, dass die ernst zu nehmenden Ängste der Bevölkerung aus parteitaktischem Kalkül bewirtschaftet und verstärkt werden können. Das derzeitige hohe Potenzial an Ängsten und Befürchtungen begünstigt daher auch eine „Politik der Angst", welche beinhaltet den Kontinent stark vor Migration zu sichern, eine Verstärkung der Polizei gegen Kriminalität, Maßnahmen gegen die Ausnutzung des Sozialstaates und ein Kampf gegen die „Islamisierung des Abendlandes" (vgl. Zulehner, 2016. S. 1f.).

Wer also vor einer Wahl in einer Zeit, in welcher sich die Bevölkerung Unsicherheiten und Ängsten gegenübersieht, Sicherheitsgefühl-schaffende Maßnahmen aufgreift und sein Wahlprogramm maßgeblich auf diesen aufbaut, ist potenziell dann erfolgreicher, wenn er parallel gezielt Ängste aufzugreifen – zu manipulieren – vermag.

3.1 Grundlegende Methoden der Manipulation

In der Politik sind ein ganzer Wirtschaftszweig und eine wissenschaftliche Disziplin, die politische Psychologie, entstanden, welche sich mit den Möglichkeiten und Umsetzung gezielter Manipulation der Massen zu politischen Zwecken beschäftigen.

Jeder ist diesen manipulativen Mechanismen ausgesetzt, doch sie sind kein Schicksal. Ein jeder hat die Freiheit und eigene Verantwortung ausgeblendete Zonen und Risse im propagandistischen System zu untersuchen und sich so fragen, wem er wie weit vertraut (vgl. Schilling, 2017. S. 3). Um diese Frage stellen zu können, ist es jedoch wichtig, um die Methoden zu wissen. Aus diesem Grund werden folgend einige ausgewählter dieser erläutert.

(Nicht nur) Propaganda

Propaganda ist der Versuch, „kollektive Überzeugungen und Emotionen zu formen, zu synchronisieren und für zielgerichtetes Handeln zu Motivieren." (Schilling, 2017. S. 3) Hierbei wird sie von verschiedensten Akteuren für ideologische Zielsetzungen eingesetzt, wobei ihnen gemein ist, dass sie instrumentenunabhängig immer der Akteure eigener Ziele dienen (vgl. ebd.). Charakteristisch für Propaganda ist, dass sie die verschiedenen Seiten einer Thematik nicht darlegt und Meinung und Information vermischt. Wer Propaganda betreibt, möchte nicht argumentativ oder im Diskurs überzeugen, sondern die Emotionen und das Verhalten der Menschen beeinflussen. Propaganda gibt dem Menschen das Gefühl, mit der übernommenen Meinung richtig zu liegen, ohne sich mit Fakten auseinandersetzen zu müssen (vgl. Bundeszentrale für politische Bildung (Hrsg.) 2011). Besonders in autoritären und totalitären Staaten wird Propaganda als Beeinflussungsstrategie verwendet. Dort ist sie meist verbunden mit anderen Formen staatlicher Informationskontrolle, Monopolisierung der Medien, Verfolgung Andersdenkender und direkter Zensur, um die staatliche Ideologie auf möglichst allen Ebenen gesellschaftlichen Lebens zu indoktrinieren (vgl. ebd.).

Es gibt Propagandaformen, die ohne den Einsatz von Medien auskommen. Dazu zählen vor **Publikum gehaltene Reden**, Lieder oder auch Predigten.

Die Möglichkeiten der, vor allem elektronischen, Medien, sowie deren Vorteile im Hinblick auf den Verbreitungsumfang und der Schnelligkeit der Übertragung, haben allerdings dazu geführt, dass Propaganda heute fast ausschließlich mithilfe von Medien erfolgt. „Häufig eingesetzte Formen sind **schriftliche Dokumente** wie Flugblätter, Zeitungs- und Internetartikel oder Plakate, **fotografische Aufnahmen, Filmaufnahmen**, Radiosendungen oder Computerspiele." (ebd.) Es gehören jedoch auch **gezielte Falschinformationen** dazu, welche mit dem Anglizismus des Jahres 2016 „Fake News" neu in den öffentlichen Fokus rückten, ebenso wie **manipulierte Statistiken**.

Die Propaganda wird dabei auf verschiedenen Wegen weitergeben: persönlich, über Massenmedien und über das Internet.

Die genannten Methoden werden nicht ausschließlich propagandistisch verwendet, sondern dienen auch anderen, oft subtileren, Zielen des Einwirkens auf politische Meinungen. Die (staatlichen) Akteure verfolgen dabei die Zielsetzung, das eigene Handeln in der öffentlichen Wahrnehmung in einem positiven Licht erscheinen zu lassen. Die mediale Darstellung soll dabei gemäß ihrer Deutung erfolgen. Die Medien werden genutzt, um diese Bilder weiter zu transportieren (vgl. ebd.). Das erfolgt mittels verschiedener Strategien, wie der Durchführung von Medienevents und der Initiierung eines öffentlichen Austauschs über die Medien, der öffentlichen Reaktion auf wenig vorteilhafte Berichte oder der Verbreitung eigener Medienbeiträge (vgl. ebd.).

Ab von der Politik werden diese Vorgehensweisen vorrangig in der Werbung genutzt, um Produkte aller Art zu vermarkten. Auch das Akquirieren von Spenden funktioniert bisweilen über diese Prinzipien.

Immer dann, wenn ein Ziel, gleich welcher Intention, erreicht werden soll, werden beeinflussende Kanäle genutzt. Somit kann man über jene Wege auch Angstgefühle positiv wie negativ beeinflussen.

3.2 Digitale Methoden

Während in der Vergangenheit vornehmlich das Radio, Printmedien und Film, später das Fernsehen genutzt wurden, sind die Mittel der Meinungseinwirkung in den letzten Jahrzehnten deutlich vielfältiger geworden. Immer mehr Bedeutung gewinnen dabei die verschiedenen Netzwerke und Formate digitaler Plattformen. Über diese erschöpft sich die Beeinflussung nicht mehr nur über Worte, Bilder oder Zahlen, sondern auch über Algorithmen, Likes und Social Bots.

Die „Fake-News" haben dabei mit dem „Netzwerkdurchsetzungsgesetz" (NetzDG) sogar Einzug in die Gesetzgebung gefunden, da deren schädliche Auswirkungen nicht mehr nur für den Einzelnen, sondern teilweise bis auf Staatsebene reichen.

Nachfolgend eine Aufführung der momentan bekanntesten und wichtigsten Verfahrensweisen, welchen man in der Cyberwelt ausgesetzt ist und die kontinuierlich auf die Nutzer einwirken.

Filterblasen	Der Neologismus „Filterblase" oder „filter bubble" gehört zu den bekanntesten einflussnehmenden Phänomenen auf die Meinungsbildung eines Webnutzers. Nutzerinnen und Nutzer werden im Internet "getrackt", was bedeutet, dass alle Bewegungen, die sie im Internet vornehmen, aufgezeichnet und von Unternehmen ausgewertet werden. Diese erfahren so, auf welche Links eine Person bevorzugt klickt oder welche Schlagzeilen sie liest, sodass auf das Nutzerverhalten angepasste Werbung oder Nachrichten angeboten werden können. Durch die dazukommende Interaktion auf sozialen Netzwerken lassen sich zudem ein detailliertes Bild über die Meinung der Person machen und weiter gezielte Informationen anbieten. Bei den Filterblasen findet man Analogien zum Konstruktivismus: Sie schafft einen Wohlfühlbereich und schützt nahezu unbemerkt vor fremden Meinungen, die nicht mit dem eigenen Weltbild übereinstimmen. Somit wird die Sicht auf die konstruierte Wirklichkeit verstärkt (vgl. Geib, 2017). Ein der Filterblase verwandtes Modell ist die ***Echo-Kammer*** aus dem Bereich der Kommunikationswissenschaft. In diesem geht man davon aus, dass man sich in sozialen Netzwerken vorrangig mit Gleichgesinnten austauscht, wodurch es zu einer Verengung der eigenen Weltsicht kommen kann (vgl. ebd.).

Microtargeting	Das Microtargeting ist ähnlich den Filterblasen, umfasst im Sammeln der Daten allerdings größere Dimensionen: Die ursprünglich aus den USA stammende Kommunikationsstrategie, die sich hinter dem Begriff des Microtargeting verbirgt, ist im Deutschen auch unter dem Begriff „Datenbasiertes Marketing" bekannt. Es findet wortentsprechend im Marketing Anwendung und wird auch in der politischen Kommunikation genutzt. Das Wort selbst kann mit „sehr präzisen Zielen" übersetzt werden und meint, dass die Interessen der Konsumenten respektive Wähler datenbankenbasiert gezielt angesprochen werden (vgl. Hass, 2018). Ohne **Business Intelligence**[6] und das **Big Data Umfeld**[7] ist Microtargeting nicht möglich. Jede Person muss genau bekannt sein, damit sie über ihren bevorzugten Kommunikationskanal mit der für sie passenden Meldung versorgt wird. Online werden dafür unter anderem Suchmaschinen-Anfragen oder Social-Media-Beiträge in Interessensgebiete und Schlagworte kategorisiert. Es werden jedoch nicht nur Daten genutzt, welche beim aktiven Nutzen des Webs entstehen, sondern auch solche, welche aus Offline-Aktivitäten stammen und manuell erfasst wurden, beispielsweise Einkäufe über EC-Karte oder mit Bonussystemkarten (vgl. ebd.). Ziel im Marketing ist die Beeinflussung von Einstellung und Verhalten eines Kunden in Bezug auf seine Einkäufe. Dieselbe Strategie funktioniert ebenfalls mit der politischen Meinungs- und Stimmungsmache: Ein soziales Netzwerk analysiert detailliert das Verhalten seiner Nutzer und verbindet diese Daten mit den Suchmaschinen-Anfragen der jeweiligen Nutzer. Unternehmen, jedoch auch Parteien, die die sozialen Netzwerke als (Werbe-)Plattform nutzen, können entsprechend ihre Werbeanzeigen mittels Microtargeting gezielt an nur die Personengruppen richten, deren Interesse sehr wahrscheinlich ist (vgl. ebd.).

---

[6] **Business Intelligence:** gehört zur Geschäftsanalytik und entstammt begrifflich der Wirtschaftsinformatik. Es meint Verfahren und Prozesse zur systematischen Analyse eines Unternehmens mittels Sammlung, Auswertung und Darstellung von Daten in elektronischer Form (vgl. Klumbies, o.J.). Ziel ist es für die auf die Unternehmensziele gerichteten operativen und strategischen Entscheidungen unterstützende Erkenntnisse zu gewinnen. Die Auswertung von Daten geschieht mit Hilfe analytischer Konzepte, spezialisierter Software und IT-Systeme (vgl. ebd.).

[7] **Big Data:** beschreibt das Sammeln großer Datenmengen, welche beispielsweise zu groß, zu komplex oder auch zu schwach strukturiert sind, um sie mit manuellen, herkömmlichen Methoden der Datenverarbeitung auszuwerten. Mit ihm werden ergänzend auch die Technologien beschrieben, die zum Sammeln und Auswerten dieser, aus verschiedenen Quellen stammenden, Datenmengen verwendet werden (vgl. Baron, 2103, S. 1ff.).

False-Flag	Unter einer „False-Flag-Aktion" versteht man, dass Akteure ein Attentat oder (politischen) Angriff auf sich selbst verüben und dem Gegner zuschieben. Sie verfügt über keinen geschützten Definitionsbegriff und wird oftmals von Verschwörungstheorien und Verschwörungshypothesen genutzt. Die „Falsche Flagge" kann den **_Negative Campaining_**"-Methoden zugeordnet werden. Trotz wissenschaftlich uneinheitlicher Definitionen kann man zusammenfassen, dass das Negative Campaining eine Form politischer Öffentlichkeitsarbeit bezeichnet, bei der versucht wird, den politischen Gegner in ein schlechteres Licht zu rücken. Dabei werden dessen Verfehlungen instrumentalisiert, um die betreffende Person oder Partei gezielt zu skandalisieren. Der Diskurs verschiebt sich dadurch auf die persönliche Ebene weg von der Sachlichen (vgl. Ruth, 2016. S. 16f.).
Honeypot	Der Begriff „Honeypot" entstammt ursprünglich dem Jäger-Jargon und hatte die Überlegung zugrunde, dass man eine Bärenfalle stellen könne, indem man den Bären mit einem Honigtopf in diese locken könnte. Von diesem Wortursprung fand der Begriff später Einzug in die Cyberwelt und wird dort für Anwendungen in der Datensicherheit verwendet. Konkret werden Angreifer zu bestimmten Servern gelockt, welche falsche oder nicht sinnvolle Daten anbieten. Das System zeichnet dabei Details zum Angriff auf und kann feststellen, wie Angreifer in das Netzwerk eingedrungen sind und welche Aktionen sie durchgeführt haben. Das Honeypot-Netzwerk ist vom Rest des Netzwerks abgeschottet, sodass der oder die Hacker, wie im Wortursprung, „in der Falle" sitzen (vgl. Joos, 2018). In der Welt des Social Media wird der Begriff anlehnend neu besetzt: Eine „Honeypot-Aktion" lockt gezielt User eines Interesses, zumeist mittels fingierten Berichten oder Werbung, an eine bestimmte Stelle des Internets, beispielsweise Webseiten, um dort die Daten der Kommentatoren und User abzugreifen. Hierbei sind unter anderem die Pseudonyme und Klarnamen als auch E-Mail-Adressen und Herkunft interessant.

Social Bots	„Bots" (englische Kurzform für „Roboter") sind Computerprogramme, die automatisiert bestimmte Aufgaben erfüllen. Sie sind jedoch keine künstliche Intelligenz, sondern ein jeweiliger, individueller, vorher festgelegter Algorithmus (vgl. Bundeszentrale für politische Bildung (Hrsg.), 2017). Bots in sozialen Netzwerken können menschliches (Kommunikations-)Verhalten imitieren, beispielsweise Freundschaftsanfragen versenden, Accounts folgen oder eigene Texte vorbereiten. Das heißt, sie können menschliche Identitäten in selbst angelegten Accounts vortäuschen. Sie arbeiten dort mit einfachen Keyword-Suchen, scannen Timelines oder Posts nach bestimmten Wörtern und Hashtags. Mit vorgefertigten Antworten kommentieren sie zu diesen Schlagworten passende Beiträge oder versuchen, andere in ein fiktives Gespräch zu verwickeln. Mit mehr technischem Aufwand können Social Bots auch eigene Antworten schreiben. Dazu bauen sie Inhalte aus Texten zusammen, die sie auf vorgegebenen Internetseiten fanden, oder übernehmen ganze Aussagen. Entsprechend sind die Antworten variabel und schwer als unecht zu erkennen, sodass sie den künstlichen Intelligenzen und dem „Maschine Learning" näherkommen. Einen Social Bot zu programmieren ist dabei kaum mehr aufwendig, da es kostenfreie Software im Netz gibt, welche sich mit wenigen Änderungen im Code direkt einsetzen lässt (vgl. ebd.).

Es ist zu bedenken, dass es sich bei der Frage um Auswirkungen von False- Flag- und Honeypot-Aktionen, Social Bots und der Filterblasen um ein sehr junges Forschungsfeld handelt, in welchem man erst am Anfang der Untersuchungen steht. Eine umfassende empirische Datenerhebung ist notwendig, um gesicherte Erkenntnisse zu erlangen. „Es gehe darum, ein eigenes Ökosystem mit einem komplexen Wechselspiel maschineller und menschengemachter Tweets zu verstehen." (Bundeszentrale für politische Bildung (Hrsg.), zit. nach Stöcker, 2017) Eine konkrete Beeinflussung der politischen Willensbildung ist schwer nachweisbar und die Folgen für die Politik sind schwer einschätzbar. Der Einfluss von digitalen Manipulationsmethoden auf die politische Willensbildung ist unter Experten also umstritten. Im aktuellen Diskurs jedoch nicht bestritten ist, dass sie vorhandene Tendenzen mindestens verstärken (vgl. ebd.).

4 Tatsächliche Gefahrenlage

4.1 Ist-Analyse der kriminalstatistischen Lage

Das Thema der Zuwanderung aufgrund der vor Krieg und politischer Verfolgung als auch aus humanitären Gründen fliehender Menschen, ist im aktuellen Diskurs besonders geeignet, von Ängsten der in Deutschland lebenden Menschen besetzt zu werden. Hinter den abstrakten Ängsten, also hinter den Begriffen wie „Volkstod" respektive „Umvolkung", „Islamisierung", oder auch zynischen Abwertungen bei der Nutzung des Begriffes „Fachkräfte" für Geflohene, verstecken sich unter anderem Angst vor dem Verlust des sozialen Status, der Identität oder die Angst vor dem Unbekannten. Auch eine Angst vor Kontrollverlust hinsichtlich der neuen, für den Einzelnen nur schwer zu überschauende Situation, ist mitschwingend.

„Das Fremde wirkt größer und größer und irgendwann übermächtig. Die Bedrohung wächst noch einmal, wenn Kriminalität hinzukommt." (Löer, 2018)

Vor diesem Hintergrund wird die Untersuchung speziell auf diese Thematik und Problematik rund um Fluchtbewegung und Migration nach Deutschland fokussiert. Um dahin gehend zu untersuchen, ob die empfundene Gefahrenlage, auf welche sich auch später benannte Akteure regelmäßig beziehen, der Wahrheit entsprechen, werden im Folgenden zunächst die Kriminalstatistiken aus den Jahren 2015/ 2016 und im Vergleich zu den Schutzsuchendenzahlen herangezogen. Weiter liegt der lokale Fokus auf Sachsen, insbesondere Chemnitz.

Lokaler Fokus: Chemnitz

Chemnitz, als dem Hochschulstandort nächstgelegene Großstadt, birgt in seiner Geschichte einige für das Thema relevant-erscheinende Fakten:

Die Stadt ist seit den 1990er Jahren als eine Hochburg der rechten Szene bekannt. Besonders in den Jahren nach der Wende traf sich hier weitestgehend unbehelligt die internationale, rassistische Elite, unter anderem Dennis Mahon[8] (vgl. Meisner, 2015).

Dies war vermutlich die Zeit, in der sich der „Nationalsozialistische Untergrund" (NSU) gründete, dessen Unterstützernetzwerk unter anderem aus der damals er-

---

[8] **Dennis Mahon:** US-amerikanischer Rechtsextremist, Mitglied des „Ku-Klux-Klan" und der „White Aryan Restistance" (WAR). Verbüßt aktuell eine Haftstrafe wegen eines Briefbombenangriffs auf die Stadtverwaltung in Arizona (vgl. Meisner, 2017).

strahlten Chemnitzer Neonaziszene stammte. Hier soll der NSU zudem einige Jahre versteckt gelebt und agiert haben.

In Chemnitz konnte man seit den Jahren vor der Jahrtausendwende das gesamte sogenannte „Skinheadpotenzial" nutzen, die Gewaltbereitschaft war in dieser Gruppe sehr hoch (vgl. ebd.).

Die verbliebenen Mitglieder des ehemaligen Netzwerkes rund um den NSU sowie weitere organisierte Neonazigruppierungen wirken bis heute und sind fester Bestandteil des Chemnitzer Lebens (vgl. DGB Region Südwestsachsen (Hrsg.), 2014, S. 34ff). Das Wirken der Akteure aus damaliger Zeit ist dabei auch heute zu erkennen. Einen genaueren Einblick in dieses erhält man im Abschnitt 4.

Bevölkerungs- und Asylzahlen

Grundlage für eine Gefährdungseinschätzung durch Bewertung der Kriminalstatistiken, ist eine Betrachtung der Bevölkerungsentwicklung in Sachsen mit einem besonderen Augenmerk auf den Anteil der Ausländer und Asylbewerber.

Zum zuletzt angegebenen Stichtag, dem 31. Dezember 2016, lebten in Sachsen rund 4.100.00 Einwohner. Zu diesem Zeitpunkt hatte der Freistaat einen Ausländeranteil von 4,2 %, wobei diese Zahl je nach Quelle unterschiedlich angegeben wird. Das liegt darin begründet, dass das Statistische Landesamt des Freistaates Sachsen und das Ausländerzentralregister beim Bundesverwaltungsamt in Köln, geführt vom Bundesamt für Migration und Flüchtlinge (BAMF), unterschiedliche Verwaltungsregister mit eigenständigen bzw. unabhängigen Rechtsgrundlagen und Quellen sind (vgl. Statistisches Landesamt Sachsen, 2017). Von diesen 4,2 % (bis 4,5 %) war durchschnittlich jeder 3. EU-Ausländer, 21.090 waren Asylbewerber (vgl. Der sächsische Ausländerbeauftragte, 2016). Aktuell, zum 31.12.2017, lebten in Sachsen 23.917 Asylbewerber, 1.640 von ihnen waren ausreisepflichtig (vgl. Sächsische Staatskanzlei (Hrsg.), 2018).

Bevölkerung in Sachsen 2015-2017					
	2015		**2016**		**2017**
Gesamtbevölkerung	4.084.851		4.081.783		*
Ausländer	164.230	4,0%**	182.245	4,5%**	171.631
EU-Ausländer	50.182	1,2%**	21.090	0,5%**	*
Asylbewerber	32.212	0,8%**	56.877	1,39%**	23.917

Abbildung 2 **Bevölkerungszahlen in Sachsen.**
Quelle: Statistisches Landesamt Sachsen
*) Zum Zeitpunkt der Erstellung waren noch keine Daten vorhanden (Stichtag 31.03.2018)
**) Eigene Berechnung

Die Anzahl der Zugänge in den sächsischen Erstaufnahme-Einrichtungen erlangte ihren bisherigen Höchststand im Jahr 2015, als 69.900 Personen in Sachsen registriert wurden. Seitdem sind die Zahlen rückläufig, sodass im Jahr 2016 rund 14.860 Asylbegehrende nach Sachsen kamen; bis 2017 wurden nur noch 9.183 Zugänge in den Erstaufnahme-Einrichtungen des Bundeslandes gezählt (vgl. ebd.). In folgender Grafik kann man, neben der Entwicklung der Erst-Antragszahlen auf Asyl, zudem sehen, dass Zugang in einer EAE nicht gleichzusetzen mit einer Antragstellung auf Asyl ist. Der Vergleich ist deshalb nicht möglich, da der tatsächliche Antrag in der Regel erst Tage bis Wochen später erfolgt (vgl. ebd.).

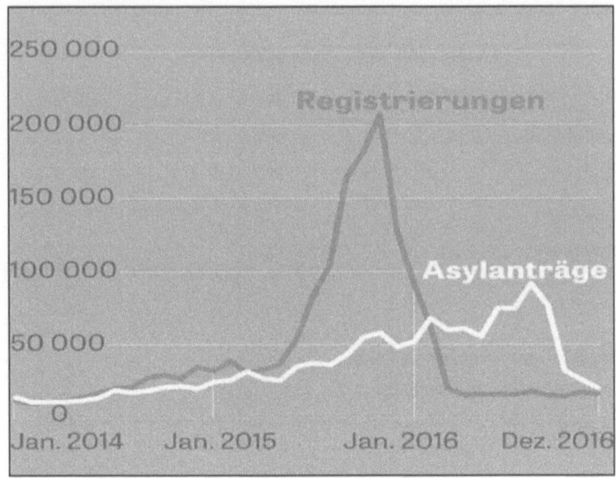

Abbildung 3 Registrierung Geflohener und Antragstellungen auf Asyl im Vergleich. Bundesweite Erfassung im Jahr 2016.Quelle: ZEIT.de

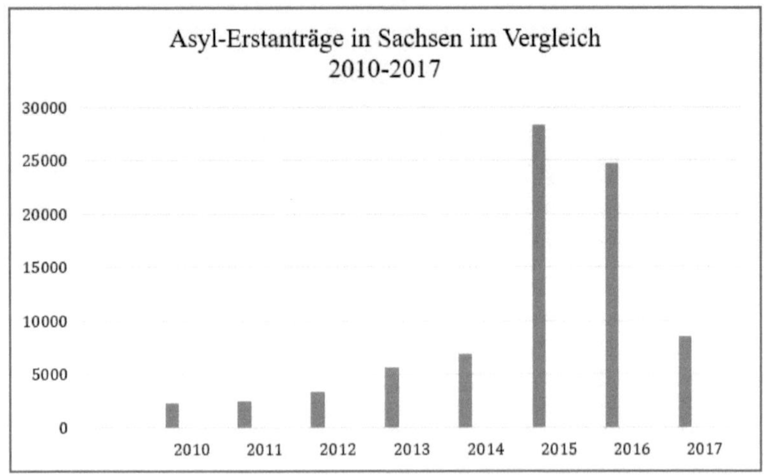

Abbildung 4 **Anzahl der Asyl-Erstanträge in Sachsen, Vergleich Jahre 2010 – 2017.**
Quelle: Sächsische Staatskanzlei

Laut Bundesamt für Migration und Flüchtlinge waren nach Königssteiner-Schlüssel zur Hoch-Zeit 5,1 % der in Deutschland Asyl-Suchenden in Sachsen untergebracht. Die bereinigte Schutzquote[9] lag damals allerdings bei nur 51 %; 2016 stieg diese auf 71,4 % und fiel im letzten Jahr zurück auf 53 %. Damit wird ersichtlich, dass von den Geflohenen im Durchschnitt nur etwas über die Hälfte tatsächlich einen Aufenthaltsstatus erlangt. Von denen wiederum wohnten gerade einmal durchschnittlich 6 % in Chemnitz, der größte Anteil von Menschen mit Anerkennung lebt in Leipzig und lag bei 13,24 % (vgl. Der Sächsische Ausländerbeauftragte, 2015, S. 1ff). Zum Vergleich stellten 2017 und Anfang 2018 nur noch rund 4 – 5 % der Asylbegehrenden einen Antrag in Sachsen (vgl. Bundesamt für Migration und Flüchtlinge, 2018, S. 7).

Blick in die Kriminalstatistik

Verfolgt man Medienberichte und diverse Wortmeldungen auf Onlineplattformen, könnte man zu dem Schluss kommen, dass diese vergleichsweise wenigen Flüchtlinge hervorstechend kriminell seien. Vor allem Rauschgiftkriminalität, Sexualdelikte, Gewaltstraftaten und Diebstahlsdelikte rücken immer wieder in den Fokus der Öffentlichkeit. Aus diesem Grund ist es nötig die Polizeiliche Kriminalstatistik (PSK) genauer zu betrachten.

Zu beachten ist bei der Auswertung der quantitativen Daten aus der PSK:

Die Polizeiliche Kriminalstatistik „enthält die der Polizei bekannt gewordenen rechtswidrigen Straftaten einschließlich der mit Strafe bedrohten Versuche *[und]* die Anzahl der ermittelten Tatverdächtigen. (...) Nicht enthalten sind Staatsschutzdelikte, Verkehrsdelikte, Ordnungswidrigkeiten, Delikte, die nicht zum Aufgabenbereich der Polizei gehören (z. B. Finanz- und Steuerdelikte) und Straftaten, die unmittelbar bei der Staatsanwaltschaft angezeigt werden." (Bundeskriminalamt, 2018, *Ev.d.A.*)

Dies zeigt direkt eine der Schwachstellen der PSK auf: In ihr wird nur das sogenannte „Hellfeld" erfasst, also die der Polizei bekannt gewordene Kriminalität. Da statistische Daten über das „Dunkelfeld" – meint die der Polizei nicht bekannt ge-

---

[9] *Bereinigte Schutzquote:* Oft wird die Gesamtschutzquote benannt, doch diese gibt keine Auskunft darüber, wie viele Asylbewerber tatsächlich schutzbedürftig sind. Viele Anträge werden "formell" entschieden, also ohne inhaltliche Prüfung. Dies ist zum Beispiel der Fall, wenn ein Asylantrag zurückgezogen wurde oder ein anderes EU-Land zuständig ist. Zieht man von den bearbeiteten Fällen diese formellen Entscheidungen ab, so bleibt die sogenannte "bereinigte" Schutzquote" (vgl. Mediendienst Integration, 2017)

wordene Kriminalität – nicht abgebildet werden. Durch Änderungen im Anzeigeverhalten der Bevölkerung oder in der Verfolgungsintensität der Polizei können sich die Grenzen zwischen dem Hell- und Dunkelfeld verschieben, ohne dass sich der Umfang der tatsächlichen Kriminalität verändert hat. Weitere mögliche Einflussfaktoren, welche die Aussagekraft der Daten des PSK beeinflussen, sind Änderungen in der statistischen Erfassung oder Änderungen des Strafrechts bis hin zu einer echten Kriminalitätsänderung (vgl. Bundesministerium des Innern (Hrsg.), Bericht zur Polizeilichen Kriminalstatistik 2016, 2017). Zudem ist das Risiko eines Ausländers angezeigt zu werden bis zu doppelt so hoch wie das Risiko eines deutschen Tatverdächtigen. Nicht nur deutsche Opfer und Zeugen wenden sich bei einem Zuwanderer eher an die Polizei, sondern auch die Angehörigen einer anderen Nationalität, Religion oder Ethnie (vgl. Klingst/ Venor, 2017).

Weiter werden die Kriminalstatistiken von Bundesland zu Bundesland unterschiedlich geführt, sodass sie sich methodisch und in ihrer Sorgfalt unterscheiden (vgl. ebd.).

Somit sind die Daten kein getreues Spiegelbild der Kriminalitätswirklichkeit, sondern eine Annäherung (vgl. Bundesministerium des Innern (Hrsg.), Bericht zur Polizeilichen Kriminalstatistik 2016, 2017).

Begründet darin, dass Delikte erst erfasst werden, wenn sie der Staatsanwaltschaft übergeben werden, sind etwa 24 Prozent der in der PKS 2016 erfassten Straftaten solche, die bereits im Jahr 2015 oder früher verübt wurden, jedoch eine längere Ermittlungszeit mit sich brachten bzw. erst deutlich später angezeigt wurden (vgl. ebd.).

In Sachsen gab es im Jahr 2016 304.005 Straftaten, womit die Zahl insgesamt im Vergleich zum Vorjahr leicht gestiegen ist (vgl. Bundeskriminalamt Abteilung IZ (Hrsg.), S. 1, 2016).

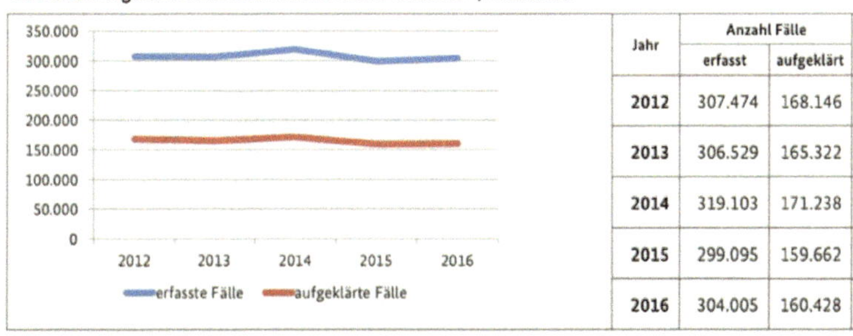

Jahr	Anzahl Fälle	
	erfasst	aufgeklärt
2012	307.474	168.146
2013	306.529	165.322
2014	319.103	171.238
2015	299.095	159.662
2016	304.005	160.428

Abbildung 5 Straftaten insgesamt ohne Ausländerrechtliche Verstöße in Sachsen, Jahre 2012 – 2016.

Quelle: Bundeskriminalamt, Abteilung IZ.

Im Jahr 2015, als die große Migrationsbewegung Deutschland erreichte, hatten ausländerrechtliche Verstöße sehr stark zugenommen. Der Anteil dieser Verstöße an der Gesamtkriminalität liegt bei 7,7 % (2015: 6,4 %) (vgl. Bundesministerium des Innern (Hrsg.), PSK 2016, 2017, S. 70) und werden mit einer Aufklärungsquote von 99,8 % (2015) bzw. 99,9 % (2016) deutlich stärker aufgeklärt als andere Straftaten mit einer Gesamtaufklärungsquote von 53 bis 54,0 % (vgl. ebd. S. 40ff). Um differenzierte Aussagen zu ermöglichen, wird in den PSK deshalb eine Unterscheidung getroffen in „Straftaten insgesamt" und „Straftaten insgesamt ohne ausländerrechtliche Verstöße[10]".

In dieser Rubrik verüben die Geflohenen auf den ersten Blick häufiger Straftaten, auf den Zweiten relativiert sich diese Annahme, wenn man beachtet, dass unter „illegalen Aufenthalt" auch fällt, wenn ein Mensch noch nicht registriert werden konnte, sich der Abschiebung entzieht oder den Landkreis unerlaubt verlässt. Nach dem Aufenthaltsgesetz benötigen Drittstaaten-Angehörige zudem grundsätzlich einen Reisepass und einen Aufenthaltstitel/Visum zur Einreise in die Bundesrepublik Deutschland. „Sofern diese Voraussetzungen nicht erfüllt sind, ist bei jedem bekannt gewordenen Fall der unerlaubten Einreise bzw. des unerlaubten Aufenthalts eine Strafanzeige zu fertigen." (Bundesministerium des Innern (Hrsg.), PSK 2016, 2017 S. 63)

---

[10] *Ausländerrechtliche Verstöße* sind Straftaten gegen das Aufenthalts-, das Asyl- und das Freizügigkeitsgesetz der EU. Darunter fallen die unerlaubte Einreise nach § 95 Abs. 1 Nr. 3 und Abs. 2 Nr. 1a AufenthG, sowie Unerlaubter Aufenthalt gemäß § 95 Abs. 1 Nr. 1, 2 und Abs. 2 Nr. 1b AufenthG.

Strafrechtlich relevant sind weiter unvollständige oder unrichtige Angaben bei der Beantragung des Aufenthaltstitels. Ebenfalls werden hier Straftaten einbezogen, welche von deutschen Staatsangehörigen verübt werden können, juristisch jedoch auch zu den ausländerrechtlichen Verstößen zählen wie das „Einschleusen von Ausländern", das „Erschleichen oder Gebrauch eines Aufenthaltstitels durch Scheinehe" (vgl. Bundesministerium des Innern (Hrsg.), Bericht zur Polizeilichen Kriminalstatistik 2016, 2017). Diese stellen jedoch nur den marginalen Anteil von 0,3 % der ausländerrechtlichen Verstöße (vgl. ebd., S. 72).

Die PKS differenziert zwar zwischen deutschen und nichtdeutschen Tatverdächtigen, berücksichtigt jedoch bei den deutschen Tatverdächtigen keinen Migrationshintergrund oder eine doppelte Staatsbürgerschaft. Zu „Nicht-Deutschen" zählen alle Menschen, welche in Deutschland leben, jedoch eine andere Staatsbürgerschaft innehaben, zum Beispiel die zweite Generation von Migranten ohne deutsche Staatsbürgerschaft aber auch EU- und Nicht-EU-Bürger, welche sich aus verschiedenen Gründen in Deutschland aufhalten. Sogenannte „zugewanderte Tatverdächtige" sind Personen mit Aufenthaltsstatus „Asylbewerber", „Duldung", „Kontingentflüchtling/Bürgerkriegsflüchtling" und „unerlaubt". In den PSK wird nur an wenigen Stellen zwischen diesen beiden Gruppen unterschiedenen, einzelne Bundesländer melden zudem keine dahin gehend differenzierten Daten, sodass sich ein Vergleich schwierig gestaltet.

Da es sich in den Angaben um „Tatverdächtige" handelt, bleibt unklar, ob sich der Verdacht erhärtet hat und es zu einer Anklage mit anschließender Verurteilung gekommen ist.

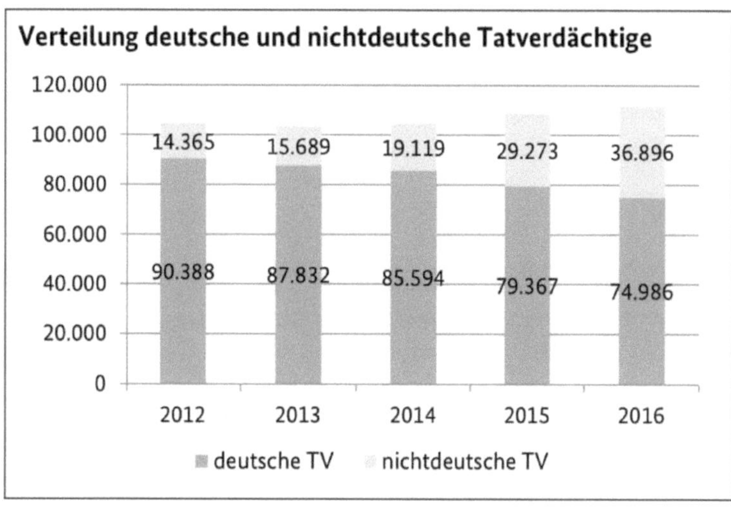

Abbildung 6 Vergleich Entwicklung deutsche und nichtdeutsche Tatverdächtige 2012-2016

Quelle: Bundeskriminalamt, Abteilung IZ.

Nach Aussagen des Bundeskriminalamtes sind die deliktischen Schwerpunkte bei den Fällen von Straftaten mit tatverdächtigen Zuwanderern im Bereich der Vermögens- und Fälschungsdelikte, gefolgt von Rohheitsdelikten und Straftaten gegen die persönliche Freiheit sowie Diebstahlsdelikten (vgl. Bundeskriminalamt (Hrsg.), Kriminalität im Kontext von Zuwanderung, 2017, S. 4).

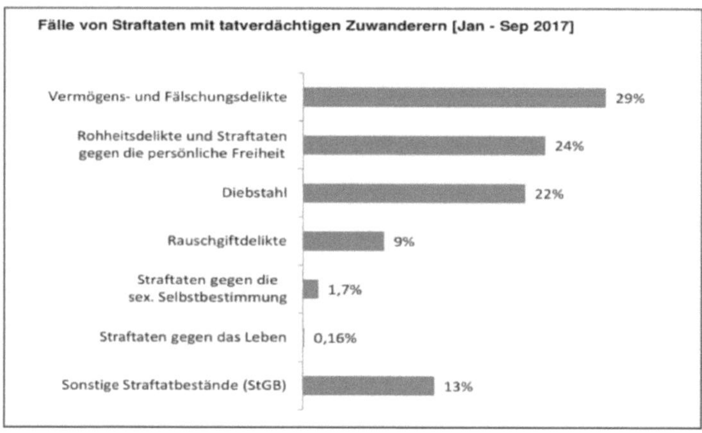

Abbildung 7 Fälle von Straftaten mit tatverdächtigen Zuwanderern [Jan - Sep 2017].

Quelle: Bundeskriminalamt.

Das Bundeskriminalamt fasst Straftatbestände weniger differenziert zusammen, als die polizeilichen Kriminalstatistiken. Zudem sind die Fallzahlen in den jeweiligen Statistiken abweichend. Aus dem PKS 2016 gehen folgende Straftathäufigkeiten hervor:

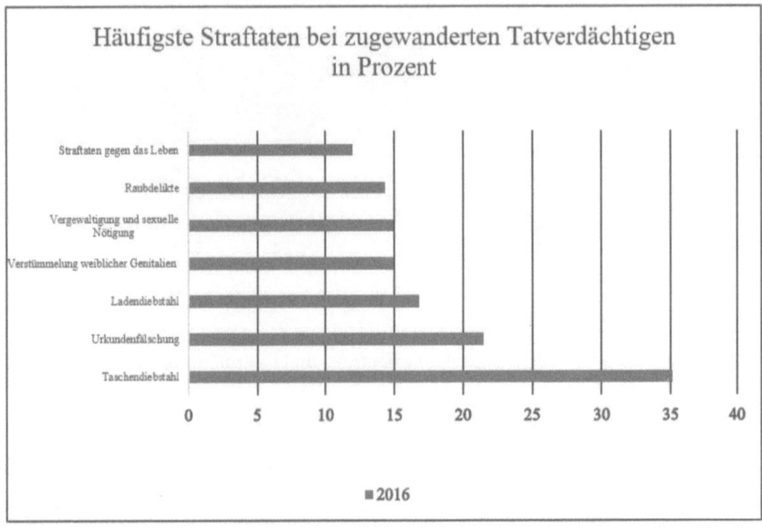

Abbildung 8 Häufigste Straftaten bei nichtdeutschen Tatverdächtigen in %.
Quelle: Bundesministerium des Innern.*
*) Vergleich der Untersuchungsjahre durch unterschiedliche Aufbereitung der Daten in den PSK 2015 und 2016 nicht möglich.

Medial am deutlichsten im Fokus bei „Ausländerkriminalität" sind Gewaltdelikte, unter welche unter anderem Mord, Tötung auf Verlangen, Vergewaltigung, sexuelle Nötigung, Raub und Körperverletzung mit ihren jeweiligen Unterkategorien fallen. Zu diesen ist allgemein zu sagen:

In 2016 gab es 202 Gewaltstraftaten nichtdeutscher Täter pro 100.000 Einwohner verteilt auf ganz Sachsen. Dies entspricht einem Wachstum um 27,3 Fälle zum Vorjahr. In der Bundesrepublik lag die Fallzahl bei 235,5/100.000 Einwohner. Damit liegt Sachsen unter dem deutschen Durchschnitt; Chemnitz jedoch mit 268,7 (2015: 280,9; 2014: 252,5) regelmäßig über dem Durchschnitt (vgl. ebd., S. 92ff.).

Jeweils 10,9 % aller Tatverdächtigen (11,6 % der Nichtdeutschen) in beiden Berichtsjahren wurden mehrfach bei der Polizei erfasst, verübten also mehrere der erfassten Straftaten, wobei nicht nachvollziehbar ist, ob dies innerhalb einer Tat

(„in Tateinheit"), oder zu verschiedenen Zeitpunkten geschah (vgl. ebd., S. 87). Der Anteil der sogenannten „Mehrfach – intensiv – tatverdächtigen Zuwanderer" lag bei 0,7 % und diese verübten 2015 38 % der „nichtdeutschen" Straftaten in Sachsen (vgl. Sächsisches Staatsministerium des Inneren, Kriminalitätsentwicklung im Freistaat Sachsen im Jahr 2015), 2016. S. 17), im Jahr 2016 40 % (vgl. Klingst/Venohr, 2017). „Besonders auffällig waren Staatsangehörige aus Tunesien (...), Georgien (...), Marokko (...), Libyen (...) und dem Kosovo (...)." (ebd.) Aber auch die, in die Statistik aufgenommenen, Menschen aus dem angrenzenden Polen sind lt. Statistik oft tatverdächtig, insbesondere bei Drogendelikten und sogenannten Diebstählen unter erschwerenden Umständen (vgl. Sächsisches Staatsministerium des Inneren, PKS 2015, 2016. S. 70ff).

Zuwanderer waren 2016 bundesweit im Vergleich zu ihrem Anteil an der Wohnbevölkerung überdurchschnittlich an der gesamten registrierten Kriminalität beteiligt, bei welcher sie bis zu 10 Prozent aller tatverdächtigen Straftäter stellten (vgl. Klingst/Venohr, 2017). Nichtdeutsche Täter sind mit einem Wert über dem Bundesmittel von 26,9 % (2015) auch in Sachsen etwas häufiger straffällig als deutsche Tatverdächtige (vgl. Sächsisches Staatsministerium des Inneren, PKS 2015, 2016. S. 73).

Dies liegt vor allem in der Alters- und Geschlechtsstruktur der Geflüchteten begründet: Weltweit zeigen Statistiken, dass junge Männer unter 30 besonders anfällig dafür sind Straftaten zu begehen. „Das gilt vor allem für Gewaltdelikte. 2014 stellte die Gruppe der 14- bis 30-jährigen Männer lediglich 9,2 Prozent der Wohnbevölkerung in Deutschland, aber 60,4 Prozent der tatverdächtigen Gewalttäter." (Klingst/Venohr, 2017) Das heißt, mit steigender Zahl junger Männer steigt potenziell auch die Anzahl Straftaten. Das gilt nicht nur, jedoch auch, für junge männliche Zuwanderer, die in den vergangenen drei Jahren die größte Gruppe (37,2 %) der nach Deutschland gekommen sind. Unter den Maghrebinern und Afrikanern aus Staaten südlich der Sahara sind es noch mehr (vgl. ebd.). An dieser Stelle wurden die psychischen Einflüsse der Fluchterfahrung, der Lebensverhältnisse innerhalb der Unterkünfte und, gerade für Adoleszenzler in der Identitätsfindungsphase essenziellen, jedoch oft fehlenden, Zukunftsperspektiven und Familien vor Ort, auf die Neigung zu Gewaltstraftaten nicht betrachtet.

Um zu überprüfen, ob aufgrund der höheren Fallzahlen den Flüchtlingen ein Hang zur gesteigerten Kriminalität zugeschrieben werden kann, muss man weiter die Anteile der nichtdeutschen Täter und der Asylbewerber gegenüberstellen. Das Bundeskriminalamt sagt dazu: „Der Anteil der Fälle mit Tatverdächtigen aus Syrien, Afghanistan und Irak war deutlich niedriger als der Anteil dieser Nationalitäten an der Gruppe der Zuwanderer. (...)

Der Anteil der Fälle mit Tatverdächtigen aus den Maghreb Staaten *[(Algerien, Marokko und Tunesien)]* sowie aus Georgien war weiterhin deutlich höher als der Anteil dieser Nationalitäten an der Gruppe der Zuwanderer, obgleich sich leichte Entspannungen abzeichnen. Dasselbe Bild zeigte sich bei Staatsangehörigen aus den afrikanischen Staaten Gambia, Nigeria und Somalia: Auch hier war der Anteil der Fälle mit Tatverdächtigen aus den genannten Staaten weiterhin höher als der Anteil an der Gruppe der Zuwanderer (...).

Der Anteil der Fälle mit Tatverdächtigen aus der Balkan-Region *[(Albanien, Bosnien-Herzegowina, Kosovo, Mazedonien und Serbien.)]* war nur noch geringfügig höher als der Anteil dieser Nationalitäten an der Gruppe der Zuwanderer." (Bundeskriminalamt (Hrsg.), Kriminalität im Kontext von Zuwanderung, 2016, S. 6, *Ev.d.A.*)

Auch wenn der Anteil der Gewaltstraftaten im Vergleich zu deutschen Tatverdächtigen hoch ist, so ist zu beachten, dass die meisten der von tatverdächtigen Zuwanderern verübten einfachen und schweren Körperverletzungen in Flüchtlingsheimen stattfanden und oftmals andere Zuwanderer betrafen. Wenngleich es die Folgen für die Opfer nicht relativiert, ist zumindest die Gefährdung für die allgemeine Bevölkerung dadurch nicht gesteigert. Allerdings zeigt dieser Trend, dass die massenhafte Unterbringung von Flüchtlingen unterschiedlicher Religionen, Ethnien, Nationalitäten, Geschlechter und Herkunft in gemeinsamen Einrichtungen die Gewalt fördert (vgl. Klingst/Venohr, 2017).

Weiter kommentiert das Bundeskriminalamt in seinen Kernaussagen zur „Kriminalität im Kontext von Zuwanderung", dass die Nutzung des Flüchtlingsstromes durch Terrororganisationen weiterhin nicht auszuschließen sei. Den deutschen Sicherheitsbehörden liegen Einzelhinweise auf ein gezieltes bzw. organisiertes Einschleusen von Mitgliedern und Unterstützern terroristischer Organisationen mit dem Ziel der Begehung von Anschlägen in Deutschland vor. Die Bewertung einer solchen Gefahrenlage kann aufgrund fehlender Dateneinsicht nicht vorgenommen werden.

Für 2017 lag zum Ende der Analyse die Polizeiliche Kriminalstatistik des Landeskriminalamtes in Sachsen vor. Aufgrund der unterschiedlichen Datenaufbereitung kann diese nicht zum Vergleich mit den Polizeilichen Kriminalstatistiken des Bundesministeriums des Innern herangezogen werden. Abweichend ist beispielsweise, dass der sächsischen Kriminalstatistik die Angaben zur Bevölkerung aus 2016 zugrunde lagen, die PSK des Bundes nutzt hingegen jeweils jene aus dem Vorjahr. Entsprechend weichen prozentuale Angaben ggf. voneinander ab. Weiter wird nicht übersichtlich zwischen Straftaten mit und Straftaten ohne ausländerrechtliche Verstöße unterschieden, sodass man diese konsequenterweise aus den Angaben herausnehmen muss. Doch auch mit dieser Art der Vergehen trifft die Statistik die Aussage: „Unter den Tatverdächtigen befanden sich 29 174 Nichtdeutsche, 7 722 Personen bzw. 20,9 Prozent weniger als 2016. Ihr TV-Anteil sank von 33,0 auf 28,7 Prozent." (Landeskriminalamt Sachsen (Hrsg.), 2018, S. 8) Weiter sagt sie aus, dass sich unter den Tatverdächtigen 6825 Asylbewerber befanden (vgl. ebd.), was ebenfalls einen Rückgang um 29,3 % zum Vorjahr bedeutet. Von der Grundgesamtheit der Asylbewerber traten 3,8 % ausschließlich mit ausländerrechtlichen Verstößen auf. Ohne die Berücksichtigung jener Verstöße ging die Kriminalität in Chemnitz um 6,1 % zurück (vgl. ebd.). Damit ist die Kriminalitätsrate allgemein in Sachsen auf einem sehr niedrigen Strand. Die ersten Berichte aus anderen Bundesländern lassen auf einen allgemeinen Rückgang deuten. Die „Zeit" schreibt von einem Rückgang um fast zehn Prozent im Bundesgebiet; wobei es bei der gemeldeten Gewaltkriminalität zu einem Rückgang um 2,4 % kam (vgl. Zeit Online (Hrsg.), 2018).

Aus vorliegenden Ausführungen wird ersichtlich, dass Asylsuchende nicht krimineller sind als Deutsche oder andere Ausländer.

Für die „Intensivstraftäter" werden berechtigterweise seitens Politik und Gesellschaft Lösungen gefordert und müssen zeitnah gefunden werden. Auch hinsichtlich eines terroristischen Gefährdungspotenzials ist eine geteilte gesellschaftliche Meinung nachvollziehbar. Von dieser Tätergruppe abgesehen kann man abschließend sagen, dass Schutzsuchende gleich bis hin zu weniger kriminell sind, als andere in der Bundesrepublik Deutschland lebende Menschen.

Allgemein leben vor allem in Sachsen vergleichsweise wenige nichtdeutsche Menschen. Die tatsächliche Bedrohung und Gefahrenlage, welche von vielen Menschen im aktuellen Diskurs als dramatisch beziehungsweise stark gesteigert empfunden wird, ist nach diesen Berichten eher gegenläufig und nicht auffällig. Auf der Suche nach dem Grund für diese Diskrepanz und daraus gesteigerter Angst in der Bevölkerung muss die mediale Darstellung der Gefahren zum Betrachtungsgegenstand werden.

4.2 Medial dargestellte Gefahrenlage

Flüchtlinge und Zuwanderer geraten spätestens seit der Kölner Silvesternacht 2015/2016 vornehmlich als mutmaßliche Gewalttäter in den Fokus der Berichterstattung. Die Gewalt gegen Flüchtlinge wird hingegen wenig thematisiert (vgl. Hestermann, 2017). Diese medial wahrgenommene Kriminalität wird von Teilen der Konsumenten auf ihre subjektive Wahrnehmung der Wirklichkeit übertragen und verstärkt damit das konstruierte Weltbild mit herausgebildeten Ängsten. Über diesen Effekt und dessen quantitativen sowie qualitativen Auswirkungen sind mannigfaltige Medienanalysen erstellt worden, deren Grundaussagen sich einander ähneln: Abhängig vom Vorverständnis der Medienkonsumenten, beeinflussen journalistische Aussagen stark die direkte wie indirekte Wichtigkeitszuschreibung. Eine massive Darstellung von Kriminalität wird deshalb von vielen Menschen als gültige Alltagsdarstellung gesehen (vgl. Leutheusser-Scharrenberger, 2012. S. 2). Wer also schon ein Angstgefühl gegenüber den Angekommenen entwickelt hat, wird dieses verstärken, wenn ihn eine Vielzahl Medienberichte umgibt, welche sich um die möglichen und tatsächlichen Gefahren zentrieren.

Eine quantitative Analyse der regionalen Medien im Untersuchungszeitraum 24.08.2017 bis 24.10.2017, sprich dem Zeitraum je einem Monat vor und nach der Bundestagswahl, sollte den Umstand überprüfen, ob sich die Berichterstattung über die Kriminalität von Zuwanderern und Flüchtlingen von den anderen Tätergruppen differenziert und sich damit auch hinsichtlich der Meinungsbeeinflussung hätte nutzen lassen. Aufgrund der Vielzahl der Meldungen insbesondere in der Chemnitzer Morgenpost und deren Onlineplattform „Tag24" und der überregionalen Tageszeitung BILD sind verlässliche Datenauswertungen nicht möglich. Die zu überschauenden Meldungen und Häufigkeiten sind jedoch ähnlich derer, von Prof. Dr. Thomas Hestermann in der Inhaltsanalyse zur Studie „Wie deutsche Zeitungen und das Fernsehen über Eingewanderte und Geflüchtete berichten" aus 2017, Festgestellten.

Sein Untersuchungszeitraum umfasste die Monate Januar bis April 2017, sodass der Einfluss politischer Interessen auf die Berichterstattung nicht nachvollzogen werden kann. Festzustellen ist jedoch, dass, wenn über Einwanderer oder Flüchtlinge berichtet wird, die häufig im Zusammenhang mit Gewalt geschieht.

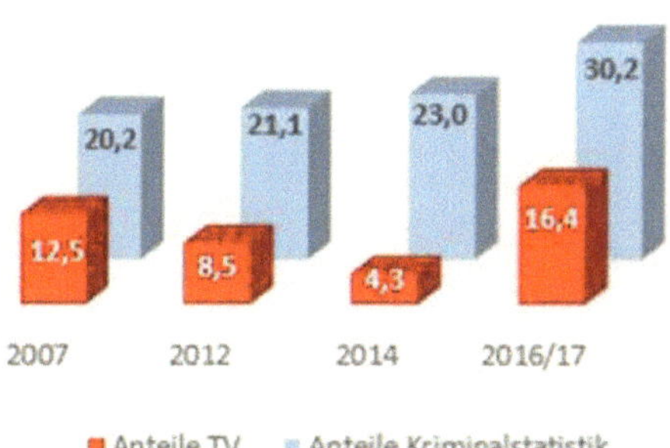

Abbildung 9 Nichtdeutsche mutmaßliche Gewalttäter im Vergleich von Kriminalstatistik und Fernsehberichterstattung Januar-April 2017
Quelle: Hochschule Macromedia (Hrsg.)

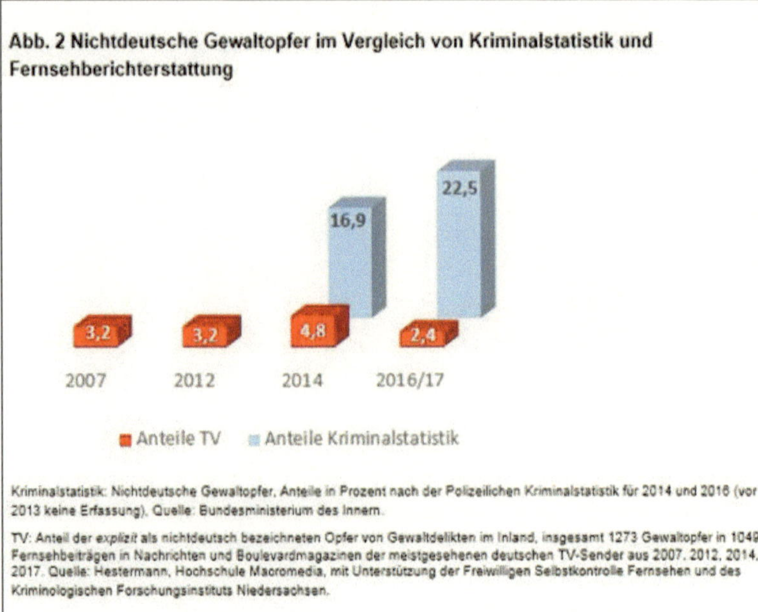

Abbildung 10 Nichtdeutsche Gewaltopfer im Vergleich von Kriminalstatistik und Fernsehberichterstattung

Quelle: Hochschule Makromedia (Hrsg.)

„Zwischen Januar und April 2017 berichteten deutsche Fernsehsender vier Mal so häufig über Gewalt nichtdeutscher Tatverdächtiger wie noch im Jahr 2014, obwohl der Anteil nichtdeutscher Tatverdächtiger in der Kriminalstatistik innerhalb von drei Jahren lediglich um ein Drittel anstieg." (Hochschule Macromedia (Hrsg.), 2017). Im Gegensatz dazu hat sich der Anteil der in den Medien explizit als „nicht Deutsch" bezeichneten Opfer von Gewaltdelikten im Untersuchungszeitraum gegenüber 2014 halbiert, trotz der Zunahme deren Zahl. Wie auch in der eigens vorgenommenen Untersuchung ersichtlich geworden, bestätigt Hestermann, dass allen voran die Bild-Zeitung, nebst anderen deutschen Tageszeitungen, über Ausländer häufig nur im Kontext von Kriminalität berichtet. „So erwähnt die Bild-Zeitung Ausländer vor allem dann, wenn sie einer Straftat verdächtigt werden – das war in 64,3 Prozent der Berichte über Einwanderer oder Flüchtlinge der Fall. Süddeutsche Zeitung (39,5 Prozent) und Frankfurter Allgemeine Zeitung (38,2 Prozent) thematisieren seltener Kriminalität. In der taz geht es mit 18,6 Prozent der Artikel über Nichtdeutsche deutlich weniger um Straftaten." (ebd.) Regional wurden auf der Plattform „Tag24" mit zugehöriger Facebook-Seite oftmals mehrfach täglich entsprechende Berichte veröffentlicht, wenngleich dies nicht selten mehrere Beiträge zur selben Strafsache waren. Allein die Tatsache, als Konsument immer wieder auf eine solche aufmerksam gemacht zu werden, kann den subjektiven Eindruck verstärken, einer erhöhten Kriminalität von nichtdeutschen Tätern ausgesetzt zu sein. Dies führt letztlich zu einem verzerrten Bild der Öffentlichkeit und kann Vorurteile sowie Ängste der Bevölkerung bekräftigen.

Die Folgen für die Gesellschaft: Radikalisierung und Spaltung

Die Folgen dieser Wahrnehmungsverzerrung sowie dem Verstärken vorhandener Ängste lassen sich in der latenten Radikalisierung des gesellschaftlichen Diskurses, vor allem in sozialen Netzwerken, deutlich beobachten.

„Die Alltags- und meist auch politische Antwort auf Probleme der Fremdenfeindlichkeit und interkultureller Konflikte ist die Forderung nach Toleranz und interkulturellem Dialog. Forschungsergebnisse zeigen nun aber – zusammengefasst – folgende Erklärungen und damit Gesetzmäßigkeiten für Fremdenfeindlichkeit gegenüber Zugewanderten:

zum einen lässt sich Fremdenfeindlichkeit als psychische Reaktion, d. h. Angst von Menschen gegenüber Nicht-Vertrautem, gegenüber Inhalten, die sie nicht in ihr bisher erlerntes Interpretationssystem integrieren können, erklären, zum andern als Reaktion auf sozialstrukturelle Bedrohung, d. h. als Befürchtung oder Tatsache eines sozialen Abstiegs, Arbeitsplatzverlustes, von verminderten Chancen im Bildungssystem, Einbußen in der Sozialsicherung(...).“ (Staub-Bernasconi: 2007, S. 8)

Menschen sind unter Angst ganz allgemein zu extremen Handlungen fähig. Dies betrifft, weniger stark, jedoch im Grunde auch Menschen, die unter der Eigenschaftsangst leiden. Diese Handlungen dienen dazu, sich aus dem Gefühl der Machtlosigkeit gegenüber jener Angst, als auch aus dem Gefühl des „Nicht-gehört-Werdens“ zu befreien. Eine Person, die sich hilflos fühlt, und glaubt, schwach zu sein, neigt schneller zu Aggressivität und Gewalthandlungen. Diese Person ist spätestens dann für rationale Argumente nicht mehr empfänglich und folgt der selektiven Wahrnehmung. Besonders in der Gruppe kommt es zu diesem Effekt, welcher gleichwohl identitätsstiftend ist. „Hier werde ich gehört, hier bin ich mit meinem Empfinden nicht allein.“ Am Rande erwähnt sei, dass gleichzeitig ein neues Auftreten der Neonaziszene, als gebildete, vegane, drogenfrei lebende, sich zum antikapitalistischen Block zählende Jugendkultur hilfreich ist, neue Anhänger zu akquirieren. Mit dieser kann man sich leichter und wohlwollender identifizieren, als mit dem alten Bild des „pöbelnden und bildungsfernen Neonazis" (vgl. Seifert, 2017). Auch „Besorgter Bürger" und „rechtspopulistisch" klingt ansprechender und in der Mitte der Gesellschaft verhaftet. In der inflationären Nutzung der Begrifflichkeiten bildet sich eine gemeinsame Identität. Diese gemeinsame Identität kann die Verantwortung für Taten auf die ganze Gruppe delegieren und senkt dadurch die Hemmschwelle unter Umständen so stark, dass es, unter den richtigen Voraussetzungen, in regelrechten Gewaltexzessen gipfeln kann.

Verstärkt wird diese Tendenz zur Radikalisierung durch die starke Ausdifferenzierung zwischen Asylgegnern und Asylbefürwortern. Das Bundeskriminalamt und die Polizeiliche Kriminalstatistik stellen die Folgen des aktuellen Phänomens der „Angstpolitik" heraus, wonach Straftaten gegenüber Asylbewerberunterkünften sowie rechtsorientierte Gewalt, als Kanalisierung dieser benannten Angst, in 2015 deutlich zugenommen hatten. „Inhaltlich ist die Flüchtlingsthematik geeignet, im ansonsten sehr heterogenen rechtsextremistischen Spektrum einen ideologischen Konsens zu generieren." (Bundeskriminalamt, 2017) Allerdings sagt diese auch, dass die Anzahl an Straftaten gegen Asylunterkünfte und Asylbewerber, seit 2017 rückläufig sei.

Asylbewerber sowie deren Unterkünfte lagen demnach zwar weiterhin im Zielspektrum rechter Angriffe, insbesondere durch Gewaltdelikte wie Brandstiftungen und Körperverletzungen, doch seit den ersten drei Quartalen des Jahres 2017 bewegen sich die Zahlen wieder auf einem ähnlichen Niveau wie vor dem Flüchtlingszustrom (vgl. Bundeskriminalamt, 2017). Begründet wird dies im Bericht des Bundeskriminalamtes damit, dass Erstunterkünfte systematisch leergezogen, die Geflohenen dezentral verteilt und in Wohnungen untergebracht wurden. Der Opferanteil unter den Nicht-Deutschen liegt im gesamten Bundesgebiet bei 22,5 % (vgl. Staatsministerium des Innern (Hrsg.), S. 36, 2016). Daraus schließt sich, dass die Gewaltbereitschaft gegen Flüchtlinge nicht per se wieder nachgelassen hat, sondern diese als Ziele weniger leicht zugänglich sind. Das Staatsministerium des Inneren warnt auch davor, dass „rechtsmotivierte Straftaten gegen Politiker und sonstige als politisch verantwortlich empfundene Personen einzukalkulieren [seien]" (ebd., Ev.d.A.).

Doch nicht nur Radikalisierung in rechtsorientierten Kreisen ist eine Folge, sondern allgemeine Radikalisierungstendenzen der Mitte und der linken Seite als vermeintlicher Gegenentwurf und Gegenstimme zum Rechtspopulismus. Laut Polizeilicher Kriminalstatistik setzte die linke Szene ihre Straftaten fort, welche an erster Stelle Straftaten gegen den politischen Gegner, aber auch gegen polizeiliche Einsatzkräfte sowie politisch Verantwortliche waren. Durch die gleichzeitig starke, öffentliche Präsenz der rechten Szene kam es zu Gegenaktionen aus dem linken Spektrum mit von Aggressivität geprägter Grundstimmung (vgl. Staatsministerium des Innern (Hrsg.), 2016. S. 36ff).

Doch nicht nur die politischen Strömungen sind eine Gefahr, sondern eine weitere Folge dieser findet im aktuellen öffentlichen Diskurs zu wenig Beachtung: Wenn Ausgrenzung und Statusangst im Weiteren auch zu Radikalisierung führt, ist die Gegenseite ebenso denkbar. Geflüchtete Menschen, welche aufgrund der Anfeindungen kaum, bis keine Teilhabe erfahren, sind möglicherweise anfälliger für die religiöse Radikalisierung, als jene, die soziale Kontakte auch in die für sie neue Kultur pflegen.

Dies soll nicht außer Acht lassen, dass die grundlegende Neigung zur Radikalisierung auch in anderen Persönlichkeitsmerkmalen begründet liegt. Und wenngleich sich ängstliche Menschen nicht automatisch radikalisieren, auf den jeweiligen radikalen Seiten bisher nur ein geringerer Teil der Bevölkerung steht, so ist doch eine stärker-werdende, tiefe Spaltung der Gesellschaft zu verzeichnen.

Auch verstärkt wird das Verschwimmen der Grenzen zwischen reellen, begründeten Ängsten und den sich vor allem über Social Media rasant verbreitenden Verschwörungstheorien, deren Anhänger nicht selten auch anfällig für Angst- und andere psychische Störungen sind. Die Ängste an der Grenze zum Pathologischen werden durch Populisten gezielt missbraucht, in dem sie ihren Anhängern scheinbar einfache Lösungen anbieten. Dadurch sehen sich die Menschen nicht mehr ohnmächtig ihren angstauslösenden Inhalten ausgesetzt, sondern gewinnen in ihrer Vorstellung die Macht und Handlungsoptionen zurück. Durch neue Lösungsideen gewinnen sie eine Stärke zurück, welche ihnen die Angst bis dato nahm.

5 Gezielte Nutzung der Angst am Beispiel AfD LV Sachsen/Wahlkreis Chemnitz

In den vorherigen Kapiteln wurde der Angstbegriff definiert und grundlegende psychologische Phänomene, welche die Angst unterbauen und rational nicht zugänglich werden lassen, erklärt. Anschließend wurde dargestellt, dass die Ängste der Menschen von Dritten genutzt werden können, um unter anderem machtpolitische Interessen zu verfolgen: Emotionen der Bevölkerung werden aufgegriffen und mittels gezielt platzierter Nachrichten, Aussagen und Gesprächsimpulse verstärkt oder überhaupt erst geschaffen. Hier spielen Menschen mit machtpolitischem Interesse eine große Rolle: In dem sie erst die Ängste aufgreifen oder sie erwecken, der Bevölkerung scheinbar Gehör verschaffen, bieten sie im nächsten Schritt mutmaßliche, einfache Lösungen an. Konkret geschieht das unter anderem mittels eines „Sündenbocks": Man argumentiert mit überzogenen, gezielt herausgesuchten Teilaspekten der Wahrheit oder gänzlich mit Unwahrheiten.

So funktioniert auch die Argumentation radikalorientierter Politiker: Es werden Schlagworte genannt und diese entfalten eine Wirkung, ohne dass tatsächliche Hintergründe oder Motive erläutert werden.

Björn Höcke verfasste beispielhaft einen ebensolchen manipulierenden Post Ende 2016 auf seiner Facebook-Seite mit der Überschrift: *„Geplanter Untergang"*. Er bewirbt damit ein Buch unter diesem Titel, welches er als Lösung, um die dunklen Zeiten, in die wir mit der aktuellen Bundeskanzlerin Angela Merkel schlittern, abzuwenden. Im Buch würde der Autor Ralf Nienaber ein *„dickes Indizienpaket in die Hand geben, die Merkel und ihre Helfer mit einem systematischen Zerstörungswerk in Verbindung bringen."* (Höcke, 2016) Weiter verwendet er angsteinflößende, theatralische Ausdrücke wie *„exekutiert"*, *„Substanzvernichtung"*, oder schreibt davon, dass *„die Kuh (...) augenscheinlich geschlachtet werden"* soll. (ebd.) Wie ihm immer wieder mit Eloquenz gelingt, greift er die tatsächlich vorhandenen Ängste der Bevölkerung vor Fremden und ihre existenziellen Ängste auf, gibt ihnen stark klingende Worte und damit Bedeutung, bestärkt sie darin recht zu haben und nutzt diese dann, um eine von ihm gewünschte Meinung/Reaktion zu positionieren. Oftmals finden sich in seinen Reden Parallelen zu Reden aus dem Dritten Reich und auch er schafft sich treue, ehrfürchtige Anhänger, welche sich endlich ernst genommen fühlen.

Was in der Theorie und auf Ebene des Bundes funktioniert, wird von Parteikollegen Höckes auf lokaler Ebene ebenso genutzt. Exemplarisch werden folgend einzelne Umsetzungen der unter Punkt 2 genannten Möglichkeiten zur Beeinflussung über die Emotion Angst, vornehmlich in der digitalen Welt, aufgezeigt. Die AfD steht dabei beispielhaft nicht aufgrund einer Wertung der Parteigesinnung, sondern da die Partei die Potenziale der Neuen Medien hervorstechend zu nutzen weiß. Methoden der Meinungsmanipulation nutzt im Großen wie im Kleinen jeder Akteur, welcher seine Interessen durchsetzen möchte und entsprechend jede andere Partei – mit unterschiedlicher Intensität und schwankendem Erfolg.

5.1 Vorstellung lokaler Akteure

Als im Jahr 2016 die ersten Vorrecherchen für diese Masterthesis entstanden, fiel lokal ein Phänomen auf: In einer Gruppe innerhalb des Socialnetworks „Facebook" wurden Berichte über Vorfälle krimineller Art in einer innenstädtischen Parkanlage veröffentlicht. Es ging um Diebstahl, Drogendelikte, Prostitution Minderjähriger und Gewalt. Zumeist gingen diese Berichte von einer Person aus, zu Spitzenzeiten waren diese nahezu täglich zu lesen. Unmittelbar darauf folgte jeweils eine öffentliche Berichterstattung auf der Webseite der örtlichen Morgenpost „Tag24" sowie oftmals auch in deren Printausgabe – und vermittelten ein bedrohliches Bild. Zu verfolgen ist, dass das subjektive Sicherheitsempfinden vieler Bürger in der Folge stark sank.

Da die Meldungen innerhalb der Facebook-Gruppe mit dem Titel „Betroffene von Ausländerkriminalität in Sachsen", deren Moderator und Gründer den Alias „Frank Larson" trägt (Klarname: Lars Franke) und die Veröffentlichung durch die Chemnitzer Morgenpost auffällig zeitlich korrelierten, entstanden die Fragen, inwieweit sich Ängste über diese Wege manipulieren und nutzbar machen lassen, als auch, welche Verbindungen Lars Franke mit der Redaktion hatte.

Lars Franke, Mitglied des Kreisvorstandes des AfD Kreisverbandes Chemnitz, bezeichnet seine politische Einstellung selbst als „konservativ-liberal", sagt: *„Ich bin, wie schon ungefähr 1000 mal erklärt, nicht in eine ‚rechte Partei' eingetreten, sondern in eine mal ursprünglich Wirtschaftsliberale. Wer spricht denn bei der AfD ständig von rechter Partei? Nur kurz zu meiner persönlichen Ambitionierung …. ‚Man muss nicht laufen können um in einen Wanderverein Mitglied zu werden.'"* (Franke, 21.03.2018)

Er gibt sich gern gemäßigt als „Mann der Mitte", definiert sich als Geschäftsmann und Firmeninhaber, der weltoffen agiert. Seine politische Meinungsübereinstimmung mit Dr. Frauke Petry und Dr. Alice Weidel, als eher neoliberal-orientierte Funktionäre der AfD, versuchte er zu keiner Zeit zu verbergen.

Während er 2014 im Wahlkreis 7 zur Chemnitzer Stadtratswahl für „PRO Chemnitz/DSU", eine stark politisch rechts orientierte Gruppe, antrat und ihm der Einzug mit 5,93 % der Stimmen nicht gelang (vgl. Stadt Chemnitz, 2014), so will er voraussichtlich im Jahr 2019 für die AfD in den Stadtrat einziehen.

Lars Franke ist jedoch in Chemnitz nicht nur durch sein politisches Wirken und des Betreibens der genannten Facebook-Gruppe bekannt. Spätestens nach einem Rechtsstreit über die Formulierung um seine Verbindungen zum NSU-Trio, in der Zeit dessen Untertauchens, in der Broschüre „Rechts sind doch die anderen?!" der DGB Region Südwestsachsen, ist er einem öffentlichen Publikum als „rechter Netzwerker" bekannt. In seinem Urteil vom 11.08.2015 beanstandete das Gericht die Formulierung auf Seite 43 dahin gehend, dass man annehmen könnte, Lars Franke hätte während der Zeit, als die drei Hauptakteure des Nationalsozialistischen Untergrundes als Terrororganisation tätig waren, Kontakt und Wissen um ihr Treiben gehabt. Da dies nicht nachzuweisen war, musste entsprechende Stelle unkenntlich gemacht werden und eine Zuwiderhandlung würde mit einem Ordnungsgeld von 10.000 Euro geahndet (vgl. DGB Region Südwestsachsen (Hrsg.), 2014, Einleger). Nicht kritisiert wurde jedoch die Bezeichnung „bekannter Neonazi"; außerdem bejahte Franke während der Anhörung zum NSU-Prozess die Frage zur Bekanntheit mit den Personen Beate Zschäpe, Uwe Mundlos und Uwe Böhnhardt. Zudem sei Franke seit vielen Jahren ein enger Freund von *Hendrik Lasch*, welcher ein mutmaßlicher Unterstützer des NSU gewesen sein könnte (vgl. ebd., S. 57). Mindestens jedoch ist bekannt, dass Hendrik Lasch selbst wiederum ein enger Freund von Uwe Mundlos war und heute einen Szeneladen für Kleidung der Marke „Thor Steinar" in Chemnitz betreibt. Über Lasch hegt Franke ebenfalls gute Kontakte in die Rechtsrockszene (vgl. Rammelsberger, 2015).

Die Herausgeber der benannten Broschüre weisen weiter auf ein Foto Frankes hin, auf welchem er, nebst einem getragenen Shirt mit Bezug zum NS-Kolonialismus, auch ein dunkelhäutiges Kind mit einem Reichsflagge-verzierten-Helm posieren lässt (ebd. S. 57).

Lars Franke wird in der geschwärzten Textstelle zum Abschnitt „Neue Rechte" verwiesen, was vermuten lässt, dass die Aussage getroffen werden soll, dass er der „Neuen Rechten"[11] zugeordnet werden kann.

Zu dieser gehört ebenfalls ***Jahn Zschoke***, ehemaliges Fraktionsmitglied im Stadtrat für Pro Chemnitz (vgl. ebd.). Dieser war in 2002 Mitbegründer einer Burschenschaft namens „Pennale Burschenschaft Theodor Körner" an einem örtlichen Gymnasium. Ihnen ging es um das Bewahren der ethnischen Homogenität der Völker unter Schutz vor Einwanderung. Dabei wird die Zugehörigkeit zur Nation nicht mehr hauptsächlich biologisch, sondern über kulturelle Zugehörigkeit definiert (vgl. DGB Region Südwestsachsen (Hrsg.), 2014. S. 55f.) Zusammen mit Sebastian S., Sprecher der Burschenschaft „Arminia zu Leipzig" und Felix Menzel brachte er die rechte Schülerzeitung „Blaue Narzisse" heraus, welche eine Zeit lang aktiv an Chemnitzer Schulen verbreitet und letztlich an einigen dieser verboten wurde (vgl. Limbach, 2010).

Eine tatsächliche Beteiligung von Lars Franke lässt sich aus verifizierten Quellen nicht bestätigen, jedoch ist er mit den aktiven Akteuren mitunter seit vielen Jahren bekannt und in Organisationen verbunden. Es stellt sich die Frage, wie sich seine behauptete liberal-konservative Einstellung mit seinem medialen Auftreten und bewusst eingegangener Nähe zu bekanntermaßen rechtsorientierten bis rechtsradikalen Gruppierungen zusammenbringen lässt, zumal er weiter äußert: *„(...) wer meine politische Geschichte kennt, der weiß wo ich stehe, ein Wendehals bin ich sicher nicht!"* (Franke, 21.03.2018)

Als Netzwerker in verschiedenen, wichtigen Funktionen, welche ihm in den Reihen der rechts-außen wirkenden Bekanntheit verschafft, ist ihm das Ansehen Vieler gewiss. Dieses würde er vermutlich einbüßen, würde er sich öffentlich gegen den weit weniger liberalen Gruppenkonsens stellen. Da wo der gesellschaftliche Status zählt, scheint es naheliegend, die Daseinsberechtigung regelmäßig zu ver-

---

[11] ***Neue Rechte:*** Für den Begriff „Neue Rechte" ist eine einheitliche Definition nicht zu fassen. So bewerten einige Autoren und Autorinnen diese „als eine „Extreme Rechte" nach 1945, andere verstehen darunter den Überschneidungsbereich zwischen den „extremen Rechten" und den Konservativen. Wieder andere zählen alle Personen, politische Haltungen und Strategien dazu, die sich von der Person Hitlers und der NS-Ideologie distanzieren und den völkischen Nationalismus neu zu bestimmen versuchen." (vgl. DGB Region Südwestsachsen (Hrsg.), 2014. S. 55f.)

deutlichen, um eine Position zu erhalten, die Aufmerksamkeit und Anerkennung manifestiert.

In seinem Prozess gegen die DGB Region Südwestsachsen wurde Lars Franke vertreten durch den Rechtsanwalt *Martin Kohlmann*. Dieser ist derzeit Fraktionsvorsitzender im Stadtrat für die mittlerweile in „Bürgerbewegung Pro Chemnitz." umbenannte Fraktion. Schon seit 1999 saß er mehrfach im Chemnitzer Stadtrat, damals als Mitglied der „Republikaner". Später wollte er als Oberbürgermeisterkandidat für die DSU (Deutsche Soziale Union) antreten. Als Mitglied von „Pro Chemnitz" spricht Kohlmann auf Kundgebungen gegen Flüchtlinge, was paradox zu einem seiner Arbeitsbereiche als Rechtsanwalt scheint: Er nimmt sich abgelehnten Asylbewerbern an und vertritt sie im Rechtsstreit. Karl Martin Kohlmann ist ansonsten Anwalt für Strafrecht, Verwaltungsrecht und Familienrecht (vgl. Kohlmann, 2018). In der rechten Szene ist er als Anwalt gern gesehen, da er dort regelmäßig Mandanten vertritt, welche u. a. wegen Volksverhetzung vor Gericht stehen. Im Prozess um den NSU war er Zeugenbeistand für Ralph Hoffmann (vgl. apabiz, 2014) und Verteidiger des Martin S. im Prozess gegen die „Gruppe Freithal" (vgl. Schneider, 2018).

Er war, wie Jahn Zschoke, laut DGB Region Südwestsachsen Mitbegründer der mittlerweile inaktiven „Pennalen Burschenschaft Theodor Körner", ist jedoch bis heute Mitglied der Burschenschaft „Arminia zu Leipzig". Deren germanischer Wahlspruch „Freiheit - Ehre - Vaterland" mutet - in Verbindung mit der Ausgestaltung ihres jeweiligen Semesterprogrammes - völkisch-national an (vgl. Burschenschaft Arminia zu Leipzig e. V., o. J.). Zudem ist Ausländern sowie Deutschen mit Migrationshintergrund die Mitgliedschaft untersagt (vgl. Limbach, 2010).

Kohlmann soll über diese Kontakte weiter über gute Verbindungen zur NPD in Sachsen verfügen (vgl. ebd.).

Ein weiterer bekannter Chemnitzer Akteur ist *Nico Köhler*, ehemaliges Mitglied des erweiterten Vorstands des CDU-Kreisverbands Chemnitz und Ortsvorsitzender der CDU Chemnitz/Einsiedel. Er trat in dem ländlich gelegenen Stadtteil ab 2015 regelmäßig bei Protesten gegen eine Erstaufnahmeeinrichtung als Redner auf, zu denen auch Teilnehmer aus der Neonaziszene angrenzender Gebiete anreisten. (Kliese, 2016).

Nico Köhler wechselte in dieser Zeit zur AfD, nachdem er nicht erneut zum Ortsvorsitzenden der CDU gewählt wurde. In der Alternative für Deutschland ist er nun wieder Mitglied des erweiterten Kreisvorstandes Chemnitz. Bei der Bundestagswahl 2017 trat er als Direktkandidat für seine Partei im Wahlkreis 162 (Chemnitz) an (vgl. MDR Sachsen (Hrsg.), 2017) und verpasste dabei mit 0,6 % Abstand zur stärksten Kraft CDU nur knapp den Einzug in den Bundestag (vgl. Welt (Hrsg.), 2017).

Der gelernte Kaufmann im Groß- und Außenhandel (vgl. ebd.) gibt sich betont gutbürgerlich und gemäßigt, erwähnt zu vielen Gelegenheiten, dass er „der Mann der Mitte" sei. Dazu stellt er seine Bürgernähe und Familienverbundenheit bei Reden und Interviews heraus, ist bei Demonstrationen in und um Chemnitz noch immer häufig zugegen. Mit seiner vergleichsweise ruhigen, gemäßigten Vergangenheit ohne nachweisbare Berührungspunkte mit dem rechten Milieu, wenngleich ihm einzelne Artikel ebenfalls Bekanntheit mit dem Unterstützernetzwerk um den NSU unterstellen (vgl. Kliese, 2016), ist er deshalb als Gesicht für eine Partei, welche sich als Interessenvertretung für „besorgte *Bürger*" etablieren will, gut geeignet. Die Rolle des Sprechers für die Alternative für Deutschland Kreisverband Chemnitz ist ihm damit gelungen zuerkannt (vgl. Köhler, 2018).

Genannt werden müssen an dieser Stelle auch ***Bernd Rippert***, ***Doreen Grasselt*** und ***Ronny Licht***. Alle drei Personen waren oder sind Redakteure der Chemnitzer Morgenpost, die in Verbindung zu Lars Franke stehen und Schlüsselfiguren der Interaktion zwischen Social Media und Medien darstellen.

Die erste, öffentliche Verbindung zwischen Bernd Rippert und Lars Franke lässt sich am 23.01.2015 festmachen, als Rippert Franke, an dessen Wohnadresse in Chemnitz Schönau besuchte, um ihn als Opfer eines Einbrechers zu interviewen (Rippert, 2015). Dieser Vorfall veranlasste Lars Franke damals dazu, die vorher genannte Gruppe auf Facebook zu gründen, sodass Rippert von Beginn an involviert und ein wichtiger Kontaktmann für Franke wurde. Rippert fällt durch polemische Artikel in der genannten Tageszeitung auf, die jedoch in ihrer Summe kein eindeutiges Bild über seine Gesinnung zulassen.

Doreen Grasselt zeichnet ebenfalls kein deutliches Bild, wird jedoch von Lars Franke als gute Freundin bezeichnet. Gestützt wird mindestens die gegenseitige Bekanntschaft durch das wiederholte als „gefällt mir"-Markieren deren Bilder und Beiträge auf Facebook seitens Franke. (Grasselt, 2018).

Ronny Licht ist seit 2016 Vorstand im gemeinnützigen Verein „Fanszene Chemnitz e. V.". Am Rande sei erwähnt, dass die Gründung dieses Vereins bedeutend durch das „Fanprojekt" der „Arbeiterwohlfahrt Chemnitz und Umgebung e. V." unterstützt wurde (vgl. Fanszene Chemnitz e. V. (Hrsg.), 2018), welches wiederum

2007 von Kay Herrmann gegründet und in dessen Zeit als Sozialarbeiter im Verband lange betreut wurde. Heute ist Kay Herrmann Leiter des Fachbereiches Kinder, Jugend und Familie. Offiziell distanziert er sich von rassistischem und fremdenfeindlichem Gedankengut und steht damit hinter dem Leitbild der Arbeiterwohlfahrt. Er beschreibt das Fan-Projekt als Projekt der pädagogischen Jugendarbeit, darüber wäre Kontakt auch zur rechtsextremen Fanszene unvermeidbar (vgl. Raack, 2012).

Bekannt wurde Licht überregional durch einen Artikel der FAZ vom 20.09.2008 mit dem Titel „Wie der Chemnitzer FC mit Rechten umgeht. Ultras[12], NS-Boys und die Kurve". Ronny Licht trat darin als Sprecher der „Ultras Chemnitz 99" (kurz: „UC99") auf, welcher die ehemalige Nachwuchsorganisation der Ultras „New-Society Boys" als nach wie vor zur Chemnitzer Fanszene zugehörig bezeichnete. Der damalige CFC-Sprecher machte, auf diese Aussage angesprochen, darauf aufmerksam, dass die Ultras die „NS-Boys" 2006 offiziell wegen ihrer rechtsextremen Gesinnung und Gewaltbereitschaft aus ihrer Organisation herausgelöst und sich von ihnen distanziert hätten (vgl. Kopp, 2008).

Ansonsten hatte Ronny Licht, der sich dem Journalismus zugeschrieben fühlt, in der Vergangenheit verschiedene Standbeine. Eines davon war das Betreiben eines Internetcafés im Stadtteil „Sonnenberg". Mit diesem unterhielt er einen damaligen Treffpunkt für bekannte Mitglieder der rechten Szene.

Am starken Stimmenzuwachs in Chemnitz von 11,7 % in 2017 zur Bundestagswahl im Vergleich zum Jahr 2013 lässt sich erkennen, dass die AfD, im Vergleich zu den meisten anderen Parteien, deutlich an Zuspruch gewann. Wenngleich im Osten Deutschlands allgemein tendenziell eher extreme Kräfte gewählt werden und die politische Mitte im Vergleich zu den alten Bundesländern weniger stark ausgeprägt ist, so ist diese Zunahme bemerkenswert und einer gesonderten Betrachtung würdig. An dieser Stelle sollen dabei keine sozio-ökonomischen Faktoren und grundsätzliche Debatten über die ostdeutschen Bürger und deren Gesinnung zum Diskurs gestellt werden, sondern es soll der Umgang mit oben genannten Manipulationsmethoden in Verbindung mit Angst seitens der AfD aufgezeigt

---

[12] Als **Ultras** bezeichnete man ursprünglich eine besondere Organisationsform für fanatische Anhänger einer Fußballmannschaft. Bei den Ultras handelt es sich um eine heterogene Bewegung, die nicht gewalttätig auftritt und sich damit von den „Hooligans" unterscheidet (vgl. Winkelbauer, o.J.).

werden. Es ist davon auszugehen, dass dieser maßgeblich zum Erfolg der Partei auch in der Chemnitzer Region beigetragen hat.

5.2 Interaktion mit Social Media und Medien

Eine Studie der Universität Oxfort kam nach Untersuchungen zwischen dem 01. bis 10.09.2017, sprich in unmittelbarer, zeitlicher Nähe zur Bundestagswahl, zu dem Ergebnis, dass für junge Parteien wie die AfD „Social-Media-Tools", als welche man unter anderem die „Social Bots" und das „Microtargeting" bezeichnet, wichtige Instrumente sind, um ihre Positionen unter den Wählern zu verbreiten. Durch diese wurde die Dominanz deren Schlagworte und Kandidaten in Twitter-Beiträgen verstärkt. Die Studie suchte dabei sogenannte „Hochfrequenz-Konten", welche mindestens 50 Tweets pro Tag mit politischem Schlagwort absetzten. Allgemein entsprangen sieben Prozent der Politik-Tweets solchen Accounts, die wahrscheinlich Bots sind. Von diesen wurde versucht, etwaige reale Viel-Twitterer von der Zählung auszunehmen. Nach diesem Verfahren stießen die Forscher insgesamt auf 92 vermutliche Bot-Accounts. Diese wenigen Accounts setzten in diesem Zehntages-Zeitraum 44.000 Tweets zu AfD-Themen ab. Insgesamt schätzt die Gründerin von „botswatch.de", einem Tool für strategische Kommunikationsarbeit, Tabea Wilke, den Anteil von Social Bots in politischen Debatten in Deutschland auf zehn bis 25 Prozent (vgl. Reinbold, 2017). Auch auf Facebook gibt es immer wieder auffällige Profile, wobei es hier technische Unterschiede zwischen Social Bots, Fake-Accounts oder Zweit-Accounts gibt.

Auch wenn die AfD offiziell den Social Bot nicht einsetzen will, wurden Netzwerke mit derartiger Software in ihrem Umfeld entdeckt. Ob die Partei direkt mit ihnen in Verbindung steht oder diese gar in Auftrag gab, lässt sich kaum nachweisen (vgl. Stern, 2017). Dies gilt ebenso für die Zweit- und Fakeprofile. „Die Partei", deren Satire teils mit ernsthafter Recherchearbeit einhergeht, will dies jedoch nachgewiesen haben und veröffentliche, nach der Übernahme von 31 AfD-Facebookgruppen mit insgesamt über 180.000 Mitgliedern am 08.09.2017, neben Gruppeninhalten, auch technische Protokolle. In diesen ist beispielsweise ein Postingverlauf eines Gruppengründers dokumentiert: Dieser setzt binnen 45 Minuten zwanzig Postings in den verschiedenen Gruppen ab. „Ein weiterer Screenshot zeigt sogar, dass mehrere Accounts elfmal pro Minute unkommentierte Links in die Gruppen posten – ebenfalls ein deutlicher Hinweis auf eine Automatisierung." (Locker, 2017)

Doch nicht nur durch Bots erreichen die Mitglieder der AfD ihre (potenziellen) Wähler. Das Repertoire ist umfassend.

> „Inszenierter Giftgasanschlag in Syrien? Der renommierte Orientexperte der Uni Mainz, Dr. Günter Mayer, erklärt im bezahl Fernsehen der überraschten Moderatorin (und sicher Redaktion) die sichere Wahrheit zu dem schrecklichen Vorfall. Die Macht der Bilder hat Europa und vor allem Deutschland, schon Millionen von Fremden/Illegalen usw. eingebrockt. Machen wir uns nichts vor, die USA, GB und auch das Merkelregime werden Assad stürzen, eine Welle von neuen millionen Flüchtlingen (ach wie ich dieses Wort liebe) erzeugen und uns als Bürger wieder mit tollen katastrophalen Zuständen perfekt versorgen. Warum haben nur so viele diesen Teufel mit seinen Mitspielern wieder gewählt? Warum lassen es die Menschen zu, dass im Namen der Demokratie ein ganzer Kontinent zerstört wird? Die Macht der Bilder... nutzen auch wir sie." (Lars Franke, 12.04.2018)

Bilder zu nutzen weiß die AfD – im gekonnten Zusammenspiel sprachlicher Stilmittel, unwahren Aussagen und oben genannten digitalen Methoden. Dies sind die Methoden, welche gut überprüfbar und weitgehend bekannt sind. Im Zusammenspiel zwischen dem Auftreten in Social Media und der Medien, welche zwar offiziell mit dem Begriff der „Lügenpresse" diffamiert werden, jedoch punktuell als Bestätigung der eigenen Weltsicht dienen, sind lokale Vertreter imstande daraus ein gewinnbringendes Wechselspiel zu gestalten, welches nicht so deutlich zu erkennen ist.

Wie im Verlauf angeführt, fiel ein zeitlicher Zusammenhang zwischen Äußerungen Frankes in seiner Gruppe und der Veröffentlichung dieser Inhalte auf der Webpräsenz der Morgenpost Chemnitz, Tag24, auf. Nach eigenen Aussagen ist einer der Redakteure der Vater seiner ehemaligen Lebensgefährtin und über diesen soll es Kontakt in die Redaktion geben haben. Wie sich bei der Vorstellung lokaler Akteure jedoch abzeichnet, sind die Verbindungen komplexer verwoben.

Die Chemnitzer Morgenpost und Tag24 veröffentlichten oft den Inhalt Lars Frankes Facebook-Posts. Franke selbst nutzte dann diese Berichte als Untermauerung der Echtheit seiner Aussagen. Zudem wurden Posts in diesem Wechselspiel zwischen Pro Chemnitz, für welche Martin Kohlmann als Vorstand im Stadtrat sitzt, Lars Franke, als ehemaliger Pro Chemnitz Kandidat und nun AfD-Vorstandsmitglied im Kreisverband Chemnitz sowie Tag24 gegenseitig geteilt, kommentiert und geliked. Auch Nico Köhler postet seit dem 30.06.2016 in der Gruppe „Betroffene von Ausländerkriminalität" oder kommentiert Beiträge bei Franke und Kohlmann.

Besonders beispielhaft trat die Interaktion im Sommer 2017 zutage, als ein Beitrag Lars Frankes zum Chemnitzer Stadtfest medial ging. Dieser war sein bisher reichweitenstärkster Beitrag mit 2316 Reaktionen und wurde 4600-mal geteilt. Er verfasste ihn auf seiner offiziellen Politiker-Profilseite und teilte ihn persönlich in seine Gruppe. Inhaltlich schrieb er am 27.08. um 01:17 Uhr:

> „+++ Eilmeldung+++ vorzeitiger Abbruch des Chemnitzer Stadtfestes an der Jump Bühne. Es brennt an allen Ecken des Festes. Chemnitz ist am Arsch. OB Frau Ludwig sollte sich mal was einfallen lassen und mit der Wahrheit rausrücken wie viele Tausende Asylanten in unserer Stadt illegal angesiedelt worden sind. Vor der Bühne tummelten sich bestimmt 300-500 angetrunkene Araber (auf dem Stadtfest waren es einige tausend). Pressemitteilung sicher dann morgen. Chemnitz 2017, einfach nur noch traurig. Ps. Für meine Kritiker: "Populismus beinhaltet den Teil Wahrheit, den der Rest der Realitätsblinden vergessen oder nicht sehen möchte", schert euch so langsam zum Teufel. Direkt nach dem Video und dutzendfacher Belästigung von Frauen wurde alles an der Jump Bühne vom Veranstalter abgebrochen. RIF Chemnitz" (Lars Franke, 27.08.2017)

Drei Tage später fügte er dem Beitrag noch hinzu:

> „(...) Da schon wieder die Freunde der arabischen Tänzer hier groß schreiben... ich lösche jetzt jeden der sinnfreien und provokanten Post und sperre den jeweiligen Verfasser auf unbestimmte Zeit. Sucht Euch bitte andere Hobbys wie zum Beispiel die Betreuung solcher Typen. Ja ich bin tolerant, sehr sogar, nur ist irgendwann die Grenze des Unzumutbaren überschritten. „Toleranz hört beim Risiko der unabwendbaren Gefährdung auf". Nachtrag 27.08.17/10.50 Uhr. Hier noch für alle Kritiker meiner Person/Anzweifler der Sache, die offizielle verspätete Darstellung der Presse. Liebe bunte Unterstützer glaubt mir doch mal endlich, ich sprechen die Probleme als einziger geradezu an und beschönige nichts, gerade dies zeichnet einen vernünftigen Menschen doch aus. Noch mal zum Verständnis, es ging einzig um die Jump Bühne, der Rest des Festes war friedlich und schön. Hier noch der Link, schönen Sonntag noch. https://www.tag24.de/nachrichten/chemnitz-stadtfest-abbruch-musik-aus-brueckenstrasse-vorfaelle-322625" (Lars Franke, 30.08.2017)

Wie man dem Posting entnehmen kann, wurde, neben den rhetorischen Mitteln, deren taktische Anwendung im nächsten Abschnitt Beachtung finden, auch ein Artikel von „Tag24" als scheinbare Verifizierung seiner Aussage herangezogen. Diesen Artikel veröffentliche Thorsten Schilling am selben Tag um 10.35 Uhr, also wenigte Stunden nach dem Absetzen der Meldung und unter Verwendung der Fotos von Frankes Seite. Die Formulierungen im Artikel waren ungleich milder und unkonkret, jedoch wurde explizit auf die Anwesenheit „vieler Ausländer" und die „zu eskalierende Situation" hingewiesen (vgl. Schilling, 2017). Dieser Artikel wurde parallel auf der Facebook-Seite der Nachrichtenplattform geteilt und erhielt eine hohe Frequentierung mit 204 Kommentaren, 410 Teilungen und 400 direkten Reaktionen. Ein Beitrag am Vortag zu Gewaltdelikten auf jenem Stadtfest, welcher ohne Autorenangabe verfasst wurde, erhielt eine ähnliche Reichweite und wurde im Artikel als Referenz erwähnt.

Die in diesem Beitrag genannten Gegebenheiten wurden erst im Nachgang überprüft, sodass 11.35 Uhr ein Nachtrag im Artikel zu finden war. Dieser sagt: *„Wie die Polizei am Sonntag mitteilt, kam es im Bereich der Brückenstraße unter anderem zu sechs Körperverletzungen, einer Raubstraftat, zwei Bedrohungen, Sachbeschädigung sowie auch zu Diebstahl. Die Polizei erteilte mehrere Platzverweise und nahmen Personen in Gewahrsam um weitere Störungen zu verhindern."* (Schilling, 2017) Zu den Gerüchten um den vorzeitigen Abbruch sowie Frankes behauptete „dutzendfacher Belästigung von Frauen" wurden keine Aussagen getroffen.

Ebenfalls geteilt wurde der Artikel um 10.49 Uhr, das heißt nur vierzehn Minuten nach Erscheinen, von der „Bürgerbewegung Pro Chemnitz" auf deren Seite auf Facebook.

Geteilt wurde weiter Frankes Video aus dem Beitrag von rechten Organisationen wie „Roßwein wehrt sich!" mit der Überschrift: „Stadtfest Chemnitz 2017 traumatisiert Ausländeranteil ca. 90 %" (Youtube.de: Ohne Autor, 2017) als Bestätigung der Überfremdung und erhöhte Gefährdungslage durch Zuwanderer.

Nicht nur regional wurde dieser Beitrag und die daraus resultierenden Gerüchte weithin diskutiert – unter anderem auf den Seiten der Freien Presse, welche ihren Artikel mit überprüften Fakten erst zwei Tage später veröffentlichte - er erhielt auch überregionale Aufmerksamkeit, sodass der die Internetauftritte des „Focus", der „Welt" und letztlich auch die Seite „Mimikama" diesem Beiträge widmeten.[13]

---

[13] Zu finden sind die Beiträge unter:
Freie Presse vom 29.08.2917: Das Chemnitzer Stadtfest und die Abbruch-Gerüchte.
https://www.freiepresse.de/LOKALES/CHEMNITZ/Das-Chemnitzer-Stadtfest-und-die-Abbruch-Geruechte-artikel9986361.php#
Welt vom 27.08.2017: Panorama. Chemnitz. Tumulte auf Fest – Stadt beendet das Programm vorzeitig.
https://www.welt.de/vermischtes/article168045511/Tumulte-auf-Fest-Stadt-beendet-das-Programm-vorzeitig.html

Die Veranstalteter des Stadtfestes dementierten den vorzeitigen Abbruch der Veranstaltung: Es soll seitens des Veranstalters „die Musik einfach abgedreht worden sein, als es kurz nach Mitternacht rund um die MDR Jump-Bühne an der Brückenstraße zu Rangeleien gekommen war. Nachdem bereits in der Nacht auf Freitag handfeste Auseinandersetzungen 13 Verletzte forderte, zeigte die Maßnahme nach kurzer Zeit Wirkung. Besucher sollen geschildert haben, dass sich die Situation aufgelöst hat. Nachdem die Veranstaltung wenig später sowieso beendet worden wäre, hat man die Musik nicht wieder aufgedreht. Auf allen anderen Bühnen habe man bis zum Ende durchgefeiert." (Mimikama.at (Hrsg.), 2017) Die Polizei ergänzte später in einer offiziellen Pressemitteilung: „Es handelte sich vorwiegend um unter Alkoholeinfluss begangene Körperverletzungsdelikte zwischen verschiedenen Personengruppen unterschiedlicher Nationalitäten." (Kindt, 2017)

Richtigstellungen auf den Seiten der „Tag24" folgten Tage später, teils ohne Nennung eines Autors, teils von Bernd Rippert, erlangten jedoch nicht die Reichweite der Ursprungsbeiträge. Hier tritt der Effekt zutage, welcher vormals benannt wurde: Journalistische Aussagen beeinflussen stark die direkte wie indirekte Wichtigkeitszuschreibung, sodass eine massive Darstellung von Kriminalität deshalb von vielen Menschen als gültige Alltagsdarstellung gesehen wird (vgl. Leutheusser-Scharrenberger, 2012. S. 2). Wer also schon ein Angstgefühl gegenüber den Angekommenen entwickelt hat, wird dieses verstärken, wenn ihn eine Vielzahl Medienberichte umgibt, welche sich um die möglichen und tatsächlichen Gefahren zentrieren. Der Primäreffekt *(siehe Wahrnehmungsfehler)* stellt hier mit der Idee des Konstruktivismus *(siehe psychologische Phänomene)* sicher, dass sich in der Erinnerung vieler Nutzer beider Medien, sprich Social Media als auch der Printmedien, verankert, dass das Chemnitzer Stadtfest in 2017 aufgrund massiver Gewalt durch ausländische Menschen abgebrochen werden musste. Infolgedessen ist nicht nur eine weitere Manifestation vorhandener Ängste und Unsicherheiten

---

Focus Online vom 27.08.2017: Panorama. 13 Verletzte bei Ausschreitungen auf Stadtfest.
https://www.focus.de/panorama/welt/chemnitz-13-verletzte-bei-ausschreitungen-auf-stadtfest_id_7520462.html

Focus Online vom 28.08.2018: Politik. Deutschland. Chemnitz. Viele Grabscher-Attacken? Polizei und Veranstalter erklären, was auf Stadtfest passierte.
https://www.focus.de/politik/deutschland/chemnitz-viele-grabscher-attacken-polizei-und-veranstalter-erklaeren-was-auf-stadtfest-passierte_id_7523645.html

Mimikama.at vom 01.09.2017: Faktencheck: "Flüchtlingsgewalt" auf Chemnitzer Stadtfest.
https://www.mimikama.at/allgemein/faktencheck-chemnitzer-stadtfest/

gegenüber Geflohener zu erwarten, sondern auch eine angstvollere Stimmung auf der Veranstaltung im Folgejahr.

Während dieser Artikel größere Wellen schlug, so sind andere, oft bis zu tägliche Meldungen über innerstädtische Gewalt auf den Seiten von der „Bürgerbewegung Pro Chemnitz", „Tag24", als auch der jeweiligen Akteure der „Alternativer für Deutschland, Kreißverband Chemnitz" weniger publik, zeichnen jedoch subtil ein Bild permanenter Gefährdung. Wenn man diese Meldungen im Detail betrachtet, stellt man fest, dass es gehäuft vorkommt, dass Lars Franke, als Politiker oder Privatperson, eine Mitteilung über Social Media absetzt und diese teilweise als nicht kenntlich gemachtes Zitat und unter Nutzung dessen Fotos über „Tag24", als auch der in Printausgabe „Chemnitzer Morgenpost" Verbreitung finden. Dafür könnten unter anderem zwei Erklärungsansätze in Betracht kommen: „Tag24" wird durch das Clickpay-System der Werbung finanziert, sodass eine höhere Aufrufquote auch höhere Einnahmen versprechen (vgl. Müller, 2017). Entsprechend laufen Nachrichten über die Facebook-Seite und die Nachrichtenplattform hochfrequenziell, was bisweilen die Veröffentlichung neuer Meldungen im Minutentakt mit sich bringt. Weiter versprechen Nachrichten mit Gewaltdelikten und anderen Straftaten durch Asylbewerber und andere Nichtdeutsche in der Leserschaft dieses Formates höhere Klickzahlen als andere Inhalte. Zum 06.05.2018 hat die Facebook-Seite von „Tag24" eine Reichweite von 42.003 Abonnenten, was bedeutet, dass diese jede Veröffentlichung in ihrer Timeline sehen. Die Seiten von Franke haben mindestens 3.376 Abonnenten (Politikerprofil) und dessen Gruppe 5.384 Mitglieder. Es scheint also sehr lukrativ diesen Leserpool mit gezielten Nachrichten zu nutzen, wenn man auf die Finanzierung durch Nutzungszahlen angewiesen ist.

Ein weiterer Grund könnten die persönlichen Kontakte in die Redaktion sein, durch welche Neuigkeiten, die Franke über seine weitreichenden Kontakte erhält, an Öffentlichkeitswirksam-arbeitende Personen weitergereicht werden können. Dass diese Informationen nicht immer inhaltlich überprüft werden, zeigt ein weiteres Beispiel vom Februar 2017:

Am 17.02.2017 meldete Bernd Rippert um 09.47 Uhr über „Tag24" als auch über den Facebook-Auftritt, dass im Stadtteil Hutholz am Vortag ein Streit eskalierte, bei welchem eine Gruppe Jugendlicher Syrer zwischen 15 und 21 Jahren dem 45-jährigen Opfer ein Ohr abzuschneiden versuchten. Der Mann sei derartig schwer verletzt, dass er, neben einem Krankenhausaufenthalt, einen Eingriff von 22 Stichen erdulden musste, um das Ohr zu retten. Der Haupttäter sei ein 15 Jahre alter Syrer (Rippert, 2017).

Lars Franke war am Erscheinungstag im Krankenhaus, um das Opfer zum Vorfall zu befragen. Die Antworten postete er öffentlich um 17.15 Uhr auf seinem Politikerprofil. Er benennt den Betroffenen beim Vornamen, was entweder darauf hinweist, dass er ihn persönlich bereits kannte oder um zu vermitteln, dass er dem Opfer gegenüber mitfühlend ist, da das „Duzen" seiner üblichen Anrede bei ihm Fremden abweicht, zumindest wenn er in seiner politischen Funktion auftritt.

„Mario", berichtet, dass er sich an einer Unterführung mit Freunden zum Feierabendbier traf, bevor er für seine Freundin und deren Kind zum Abendbrot einkaufen wollte. Dort kam gegen 20 Uhr eine Gruppe junger Südländer auf ihn zu, die unmittelbar bedrohlich gestikulierten und in fremder Sprache auf ihn einredeten. Zudem soll einer der Jugendlichen eine junge Frau aus der Gruppe bedroht haben, worauf hin der Betroffene darum bat, in Ruhe gelassen zu werden. Dies war der Auslöser dafür, dass die Jugendlichen aus einem Versteck hinter einer Hecke lange Holzknüppel holten, mit welchen die Gruppe auf ihn einschlug. Einer der Täter soll ihn dabei auch mit einem Messer verletzt haben. Gegen 20.45 Uhr alarmierte dann seine Freundin den Notarzt. Über seine Verletzungen soll das Opfer gesagt haben: *„Wie gesagt, mein Ohr wurde mit einem scharfen Gegenstand fast abgetrennt und durch 22 Stiche in der Notbehandlung so gerettet, dass Stück wieder angenäht und alles verbunden.*

Weiterhin habe ich ein zerschlagenes Knie, Hämatome am Kopf, Brust und den Armen. Wäre das Messer nur 5 cm weiter unten gelandet, hätte es auch meinen Hals treffen können, somit noch einmal Glück gehabt." (Franke, 2017)

Auch Pro Chemnitz postete diesen Vorfall mit dem Inhalt: *„+++Eilmeldung+++ Wie gesagt, mein Ohr wurde mit einem scharfen Gegenstand fast abgetrennt und durch 22 Stiche in der Notbehandlung so gerettet, dass Stück wieder angenäht und alles verbunden.*

Weiterhin habe ich ein zerschlagenes Knie, Hämatome am Kopf, Brust und den Armen. Wäre das Messer nur 5 cm weiter unten gelandet, hätte es auch meinen Hals treffen können, somit noch einmal Glück gehabt." (Pro Chemnitz (Hrsg.), 2017) Voraus hervorgeht, dass der Autor des Pro Chemnitz-Beitrages das Posting Lars Frankes nutze. Außer zwei Bilder, welcher aus anderer Quelle denn Lars Franke stammen und wovon eines einen Mann mit Kopfverband und blutbeflecktem Pullover zeigt, gab es in diesem Post keine weiterführenden Informationen. Entsprechend auch keine Quellenangaben oder Hinweise auf die Identität des Opfers.

Wenig später wurde der Durchschlag des Überweisungsscheines aus der Notaufnahme veröffentlicht, bei welchem jedoch, entgegen der Meldung, nur eine Rissverletzung und ein erhöhter Blutalkoholgehalt vermerkt wurden. Zudem sei der Riss lediglich geklebt worden und solle mit einer Salbe gepflegt werden. Auch Zweifel am Tathergang wurden unter den Kommentatoren laut. Eine polizeiliche Meldung über den Vorfall liegt bis heute nicht vor. Franke selbst äußerte zur Glaubhaftigkeit seines Befragten nur:

> „Da ich natürlich nicht dabei war, vertraue ich allein auf seine Aussagen und hoffe dass dies alles so stimmt. Er war ziemlich entspannt, aber trotzdem in Sorge um seine Frau die nun dort allein in der Nähe der Täter wohnt (genau gegenüber). Ich kenne auch nicht sein soziales Umfeld, Äußerlichkeiten interessieren mich nicht, er ist werktätig, dass zeigt zumindest seine soziale/gesellschaftliche Verankerung. Wünschen wir ihm hiermit alles Gute und hoffen auf eine schnelle Ermittlung und die Aufklärung der Tat und der Hintergründe. Ich bleibe natürlich dran." (Franke, 2017)

Das Versprechen „dran zu bleiben" wurde nach den lauter werdenden Zweifeln und der Veröffentlichung des Überweisungsscheines nicht eingehalten. Die ursprüngliche Meldung ist vielen Chemnitzern bis heute bekannt, die offensichtlichen Zweifel an der Stimmigkeit haben keinen so deutlichen Umlauf erhalten.

Diese und weitere Berichte von Vorfällen durch gewalttätige Migranten, bei denen Licht, Kohlmann, Köhler und Franke immer wieder gegenseitig auf den jeweiligen Seiten kommentieren und somit sichtbar in Interaktion traten, führen bis heute dazu, dass das Klima der Angst aufseiten der Bürger, weit über derer mit rechtsgerichteter, politischer Orientierung, spürbar ist. Es sind an dieser Stelle nicht nur Kommentare in den sozialen Netzwerken, welche in den gewaltfantastischen Äußerungen immer enthemmter und vehementer werden, auch im Gespräch mit Einwohnern kommen das ungute Gefühl als auch die Abwehr gegenüber der Schutzsuchenden in der Stadt, oft zur Sprache.

Die Stadt reagierte mit vermehrter Polizeipräsenz und Razzien im Bereich der Innenstadt, was vermutlich das subjektive Sicherheitsempfinden nicht zu stärken vermag, wenngleich die Erfolge bei den Razzien eher als höchstens sehr gering einzuschätzen waren (vgl. Chemnitz Blick (Hrsg.), 2017).

Diese angstvolle Stimmung, mithilfe der Interaktion von Social Media und Medien selbst initiiert, machen sich die Lokalpolitiker zunutze, um ihre Ansprüche im

Wahlkampf zu begründen. Dies erfolgt unter anderem durch strategische Sprache in den Wahlkampfreden, welche zuvorderst das Angstgefühl der Hörer anspricht.

5.3 Strategische Sprache in den Wahlkampfreden

Um die beeinflussende Wirkung eines politischen Textes erkennen zu können, sind neben der Kenntnis um den Kontext auch Wissen um manipulative rhetorische Mittel erforderlich. Die Anwendung dieser Mittel erfolgt mannigfaltig, jedoch in vergleichbaren Schemen, deren Nutzung exemplarisch anhand zweier Reden aus dem lokalen Wahlkampf in 2017 zur Bundestagswahl qualitativ untersucht worden. Sprecher waren zum einen Nico Köhler, zum anderen Dr. Frauke Petry als damalige Parteivorsitzende der Alternative für Deutschland sowie Bundestagskandidatin. Bei der Analyse der sprachlichen Strukturen lag der Fokus auf dem Spiel mit emotionaler Stimulanz und der entsprechenden Publikumsreaktion, weniger auf der faktischen Richtigkeit der getroffenen Aussagen. Letztere wurden nur insoweit überprüft, als dass diese dazu führt, gezielt geäußerte Unwahrheiten oder Entreißungen aus dem eigentlichen Kontext aufzuzeigen, welche dazu geeignet sind, Ängste der anwesenden Bürger in besonderem Maße zu untermauern. Somit wird die klassische Argumentationsanalyse nur partiell durchgeführt.

Das Hauptaugenmerk liegt auf den Redestrategien, Einecke sagt dazu in 2017: „Strategien sind über die einzelnen Sätze, Argumente und rhetorischen Mittel hinausgreifende, weitreichende und absichtsvolle Maßnahmen, mit denen in einer konkreten Situation eine Beeinflussung anderer erreicht werden soll; dabei werden in Reden besonders psychologische Methoden der Einflussnahme eingesetzt. Eine Strategie ist erst wählbar, wenn der Redner sein Ziel, seine Intention und Absicht festgelegt hat." Die beiden Texte wurden dazu mittels der Sequenzanalyse nach Ulrich Oevermann im strukturellen Aufbau verglichen. Eine damit einhergehende rhetorische Analyse umfasste die allgemeine Semantik beider Reden.

Die Merkmale der Propagandasprache, als intensivste Form der strategischen Sprache in der Politik, ließen sich in beiden Ansprachen durch diese, wenn auch in abgeschwächter Form, finden. Dazu gehören (nach: vgl. Wernicke, 1974, S. 168):

- Eine hohe Emotionalität der Sprache durch Steigerungen mithilfe von Superlativen und rhetorischer Figuren

- Starke Wertungen insbesondere zur Diffamierung des Gegners

- Imperativischer Stil

- Unbestimmtheit und Mehrdeutigkeit der Begriffe; allgemeine Verschwommenheit des Ausdrucks, assoziationsreiche Begrifflichkeiten

- Formalisierte Sprache mit Schlagworten, Phrasen, stereotype Wendungen und feste Adjektiv-Nomen-Koppelungen

- Eine niedrige Stilebene

- Scheinlogik in den Satzverflechtungen

- Mit sogenannten „Killer-Phrasen" Gegner als Unterlegene darstellen.

Den Aufbau beider, zusammen 62 Minuten andauernder, aufeinander folgender Wahlkampfreden, prägte die Zeichnung düsterer Bilder, welche in den jeweiligen Sequenzen gesteigert und anschließend mit Zahlen aus der Presse oder unbekannter Herkunft unterfüttert wurden. Dabei waren die genannten Zahlen nicht immer den Tatsachen entsprechend. Nico Köhler behauptete beispielsweise:

> „weil, es ist einfach so, dass Asylbewerber 7,66 Mal so viele Straftaten begehen, wie der sächsische Durchschnitt." (Nico Köhler, Absatz 15)

Weder wird ersichtlich, woher er diese Zahl nahm, noch auf welches Jahr sie sich bezieht. Beim Blick in die Kriminalitätsstatistik im zweiten Abschnitt dieser Thesis konnte diese Angabe für die Jahre 2015 und 2016 nicht verifiziert werden. Es ist auch nicht davon auszugehen, dass sich diese für 2017 bestätigen lassen wird. Es handelt sich hierbei also um eine Täuschung, welche für den Zuhörer nicht sofort erkennbar ist. Verbunden mit wahrheitsgemäßen Aussagen, beispielsweise *„dass es in Chemnitz pro 1000 Einwohner mehr Sachbeschädigungen, Baustellendiebstähle, Sexualstraftaten, Wohnungseinbrüche, Rauschgiftdelikte, Körperverletzungen, Raubstraftaten und Ladendiebstähle gab, als in unserer Landeshauptstadt Dresden. (..)"* (Nico Köhler, Absatz 15), die allerdings hier vom Zuhörer, aufgrund der Syntax auf den Anteil „Asylbewerber", statt auf die Grundgesamtheit bezogen werden. So sorgen sie dafür, dass es kaum möglich ist, wahrheitsgemäße Aussagen von Desinformierenden zu unterscheiden. Diese Strategie der verschwimmenden Argumentation ist geeignet, den mit Angst besetzten Inhalt, nämlich den vor „dem kriminellen Ausländer", zu verstärken.

Insgesamt wurden 28 angstauslösende Inhalte dokumentiert, welche jeweils mit Schlagworten, sprachlichen Stereotypen, Superlativierungen und Klischees untersetzt wurden. Zu jenen gehören unter anderem Äußerungen wie:

> „Wir haben Leute ins Land gelassen, die offenbar nicht bereit sind, sich in unsere Kultur zu integrieren. Und die, wie in (uv.) und anderswo, Berlin, sie kennen alle die Orte, bereit sind, gegen uns zu kämpfen, weil sie unsere Kultur, auch in Zukunft, nicht akzeptieren wollen und keine Rede von Integration ist. Von Integration reden nur diejenigen, die der Meinung sind, wir müssen uns integrieren und nicht diejenigen, die nach Deutschland kommen." (Dr. Frauke Petry, Absatz 74)

Verallgemeinernd wird im Beispiel von „den Leuten" gesprochen, also von der Gesamtheit der Einwanderer, die sich nicht anpassen wollen. „Sie", als falsche Verallgemeinerung, kämpfen gegen „uns", also der Gruppe vor Ort und der Sprecherin. Sie werden sich, so der Scheinargumentation folgend, auch zukünftig nicht integrieren. Ausgesagt wird: Die Angst vor dem Fremden, dem Auflösen der eignen Kultur, ist berechtigt, denn es wird gefordert, dass wir Deutschen uns anpassen, uns aufgeben.

Schlagworte[14], die ein angstvolles Stimmungsbild stärken, sind unter anderem: *„linksextremer oder linksterroristischer Aktionen"* (Dr. Frauke Petry, Absatz 60), *„psychisch gestörte Einzeltäter,"* (Dr. Frauke Petry, Absatz 63), *„Islamisten"* (Dr. Frauke Petry, Absatz 63), *„illigale(...) Migration"* (Dr. Frauke Petry, Absatz 65), oder auch *„Voranschreiten einer Islamisierung"* (Dr. Frauke Petry, Absatz 65)

Verwendet wurden Phraseologien, also idiomatische Wendungen[15]. Dadurch gewannen Inhalte für das Publikum an Wichtigkeit, was daran erkennbar war, dass die Anwesenden auf diese Inhalte besonders stark reagierten:

---

[14] ***Schlagworte:*** Ein Wort ist an sich ein Schlagwort, sondern wird es im Gebrauch. Der Begriff „Schlagwort" meint also eine „Erscheinung der parole, nicht der langue" (Dieckmann, 1975, S. 102).

[15] ***Phraseologie - idiomatische Wendungen:*** Auch Redewendungen. Phrasen im Sprachgebrauch nutzen ein in der Gesellschaft verfügbares Wissen und kollektive Erfahrungen. Je nach Kontext erleichtern und verkürzen sie die Notwendigkeit differenzierter ausführen zu müssen. Sie sind Elemente der Sprachgewohnheit, Konvention und Tradition, bieten Sicherheit und Orientierung gegenüber den vielfältigen individuellen Deutungsmustern der Wirklichkeit. Allerdings können sie auch authentisches, individuelles Sprechen verdecken, zur nachlässigen Auseinandersetzung mit Erfahrungen und Wissen, zu undifferenziertem Umgang mit Sprache verleiten und Defizite in der sprachlichen Verarbeitung der Wirklichkeit anzeigen. Phrasen können das wirklich Gedachte und Gemeinte verbergen (vgl. Burger/Buhofer/Sialmn 1982, S. 3ff).

> „Deswegen ist es deutlich: Wir müssen unsere Grenzen schützen, denn ich sag (schnell) ganz eindeutlich dazu: (starker Dialekt) Mir wollen sichere Grenzen statt grenzenloser Kriminalität!" (Nico Köhler, Absatz 25)

> „Hier gelten unsere Regeln und die werden knallhart durchgesetzt!" (Nico Köhler, Absatz 27)

Bei Nico Köhler war zudem ein gezieltes Einsetzen des sächsischen Dialektes bei den mit Angst besetzten Inhalten zu beobachten. Da der Dialekt als eine Gemeinsamkeit zwischen Publikum und Redner zu sehen ist und eine Brückenfunktion einnimmt, ist dieser in der Lage, auf der einen Seite dem Zuhörer die Identifikation mit dem Sprecher zu ermöglichen *(siehe Abschnitt „Wahrnehmungsverzerrungen")*, auf der anderen Seite genau dadurch emotional beim Empfänger zu greifen. Das Publikum reagierte auf Schlagworte nach identitätsstiftenden Inhalten, die nochmals durch Dialekt bekräftigt wurden, weit mehr, als auf thematische Inhalte. Genauso verhält es sich mit den angstauslösenden Inhalten und dazugehörigen Lösungen. Sichtbar wird dies nicht nur am Applaus, der jeweils entsprechend andauernder, kräftiger, wurde, sondern auch an Zwischenbemerkungen und dem emotionalen Mitgehen im Zuschauerraum. Als Beispiel sei folgendes Zitat aufgezeigt:

> „Ja, da gab es eben vom Innenministerium die aktuellen Zahlen zu den Intensivtätern und den Straftaten von Ausländern. (starker Dialekt): <u>Und, ja, es ist ja schön, dass die BILD berichtet, sag ich, weil die Zahlen wirklich schockierend sind. Die Bildzeitung hat aber nicht geschrieben, dass die Ausländerkrimminalität **explodiert.**</u> Und dass, der Herr Bibbl(?), was unser Landtagsabgeordneter ist, der ja die Anfrage gestellt hat, die Missstände aufgedeckt hat. Mike, was haben sie denn geschrieben? ,Innenminister Ulbig schlägt in BILD Alarm!' #00:04:26-1#" (Nico Köhler, Absatz 13)

Das Publikum reagierte mit einem vier-sekundigen, sprich vergleichsweise langem, Lachen.

Nico Köhler nutzt die prägnanten Schlagworte „Intensivtäter" sowie „Straftaten von Ausländern". Er bekräftigt diese Schlagworte scheinbar argumentativ damit, dass eine Tageszeitung mittlerweile darüber berichtet. Im darauffolgenden Abschnitt, in welchem er mit der Hyperbel, die Ausländerkriminalität würde „explodieren", diese Aussage verstärkt, spricht er zusätzlich mit übersteigertem Dialekt. Er schafft eine einseitige Aufwertung der „Wir-Gruppe", in dem er aussagt: *„Wir* haben es längst erkannt." mit einer zeitgleichen Abwertung und Ausgrenzung der gegnerischen Gruppe: *„Die* nicht, auch wenn es so dargestellt wird. *Die* bekommen unsere Lorbeeren!"

Über die Methodik der Dramatisierung erreicht er den Eindruck, es würde förmlich aus ihm herausplatzen, er wäre emotional stark involviert. Köhler greift damit die Stimmung des Publikums auf, welches diese rhetorischen Mittel mit starkem Applaus würdigt.

Beide Redner arbeiten übermäßig mit dem Negative Campaining und dieser einseitigen Wertung. Oft galten Angriffe einzelnen Politikern, welche als Personifizierung einer Partei oder der politischen Gegner genutzt wurden. Symbolisch hierfür ein Zitat von Dr. Frauke Petry, wie es sich in ähnlicher Form immer wieder in den Redebeiträgen beider wieder findet:

> „Herr De Maiziere hätte damals die Möglichkeit gehabt, und der Vorsitzende der Bundespolizei, Herr Womann, hatte alle Maßnahmen bereits vorbereitet, um die Grenzen zu Österreich so dich zu machen, dass illegale Migration nicht funktioniert hätte. Frau Merkel hat das außer Kraft gesetzt, weil der Herr De Maiziere nicht, Verzeihung, den Hintern in der Hose hatte, um seine Bundespolizei anzuweisen, genau das zu tun. (uv. Dialekt). Hat er hinterher wieder versucht gut zu machen, hat nicht mehr geklappt." (Dr. Frauke Petry, Absatz 76)

Mit der einseitig negativen Wertung des politischen Gegners sowie der Presse als deren Vertreter, wurde dabei doppelt so häufig gearbeitet, als damit die eigene Gruppe/Arbeit als besonders gewinnbringend darzustellen. Es gab insgesamt 19 negativ-wertende Äußerungen bezüglich des politischen Gegners und nur acht positive Herausstellungen der eigenen Verdienste. Letzteres wurde mittels Beschwichtigungen internal, oder external, also in der Schuld des Gegners liegende Gründe, attribuiert. Beispiele sind:

> „wenn Richter und Staatsanwälte an vielen Stellen mitzögen und sich nicht auf politische Interessen anderer Parteien beschränken." (Dr. Frauke Petrty, Absatz 58)

oder

> „Sie können sich vorstellen, wie unsere Parteien im Landtag reagiert haben, nämlich gar nicht." (Dr. Frauke Petry, Absatz 60)

Weiteres Argument für die bisherige, fehlende Umsetzbarkeit der Forderungen und gleichzeitiger Aufruf zur Wahlbeteiligung, war die mangelnde prozentuale Vertretung in den Landtagen und der Bundesregierung.

Im Verlauf arbeitet Dr. Frauke Petry zunehmend mit dem Mittel des Zynismus. Das Publikum reagiert zwar darauf, ist emotional jedoch deutlich weniger involviert als bei Nico Köhler. Gegen Ende verliert sie scheinbar ganz die Bindung zum Publikum, welches teilweise nur vereinzelt klatscht oder Sprechpausen gänzlich ohne Applaus verstreichen lässt. Dies könnte an ihrer fachlichen, gehobeneren Sprachebene liegen, die deutlich distanzierter wirkt und nicht zur Projektion für den Zuhörer geeignet ist. Denkbar ist auch, dass es dem geschuldet ist, dass hinsichtlich der Stimmung, in der nahezu emotionslosen, kalkulierten Phonetik der Worte mitschwingt, dass Frauke Petry zu diesem Zeitpunkt längst wusste, dass sie die Partei verlassen wird. Das wiederum würde bedeuten, dass unterschwellig eine Botschaft des Nicht-hinter-dem-Gesagten-Stehens überliefert wurde, welche nicht pragmatisch oder semantisch greifbar war.

Wesentlich und maßgeblich für die Reaktion des Publikums war also auch der Bindungsaufbau zwischen Sprecher und Hörer. Mit der Auswertungsmethode der Feinanalyse der Eingangssequenzen stellte sich dar, aus welchem Grund es Nico Köhler vermutlich besser gelang, die Zuhörerschaft für sich einzunehmen:

> „ So, schönen Guten Abend! (Applaus)|(unv. Technische Störung) Die im Saal möchte ich erstmal begrüßen, die ich aus verschieden ja, Stellen, wie Einsiedel und wo ich so unterwegs bin, kenne. Den Rest heiß ich natürlich auch herzlich Willkommen, die Leute aus Rabenstein, Reichenbrand zu treffen. Freut mich, dass ihr überhaupt hier seid, dass ihr euch für unsere Politik interessiert. (unv.) muss ich mich erstmal vorstellen: Bin ja selber in Reichenbrand wohnhaft (starker Dialekt) <u>41 Jahre alt, verheiratet und ziehe mit meiner Frau zusammen unsere drei Kinder groß.</u> #00:01:41-2#" (Nico Köhler, Absatz 1)

Der Rahmen mutet nicht professionell an, schon aufgrund der technischen Störung, welche für öffentliche Reden in diesem Umfang unüblich ist. Es gibt keine direkte Ansprache der Anwesenden, was wenig höflich ist und daher informell anmutet. Durch das so entstandene, subjektive Gefühl der spontan gehaltenen Rede, schafft er vom ersten Moment an Verbindung zum Publikum.

Zum Beginn trifft er eine Selektion zu Personen außerhalb und erbaut damit ein Gefühl von Privatheit. „*Die*" zeigt jedoch an, dass er die anwesenden Menschen als distanziert von sich selbst wahrnimmt. Er benennt eine Gruppe im Saal mit Sonderstellung, diese Gruppe muss scheinbar nicht mehr gewonnen werden. Die Wortwahl „*Saal*" könnte bewusst erfolgt sein, da es ein deutsches Wort ist und als alte, traditionelle Begrifflichkeit das vorrangig ältere Publikum anspricht.

„*Die im Saal*" stellt die anwesende Gruppe wieder einzeln und spaltet gleichwohl die Zuhörer im Saal. Es könnte so ein Bedürfnis der Anderen nach Zugehörigkeit entstehen.

Köhler stellt sich selbst als „Mann der Tat", als „Macher" dar. Er ist unterwegs, kümmert sich. Er stellt das Verbindungsglied zwischen den einzelnen Orten; baut Bezüge auf und zeigt zugleich, dass Viele hinter ihm stehen.

Einsiedel ist hier nicht nur ein Chemnitzer Stadtteil, sondern novelliert, aufbauend auf der dort lang anhaltenden Protestbewegung gegen eine geplante Flüchtlingsunterkunft, eine politische Situation. Der Begriff birgt ein Gemeinsamkeitsgefühl durch die Erinnerung an einen gemeinsamen Kampf.

Nico Köhler wirkt zwar unpersönlich, abwertend und abgrenzend, wenn er vom „Rest" spricht; es kann jedoch auch als Einladung zum Dazugehören verstanden werden.

Die Verwendung des Begriffs „Leute" macht ihn auf eine altmodisch wirkende Weise nahbar, was wieder den Bezug zum eher älteren Publikum schafft. Diese Nahbarkeit baut er aus, in dem er seine Herkunft anspricht. Das vermittelt Nähe und das Gefühl: „Der kennt uns und unsere Probleme"

Im Verlauf seiner Rede spielt Köhler zudem deutlich häufiger als Dr. Frauke Petry mit den Solidaritätseffekt-auslösenden Zeigeworten, welche er ebenso mit Dialekt unterlegt. Er spricht von *„unsere Regeln"* (Absatz 27), *„von unserem Volk"* (Absatz 35), von *„für unsere einheimischen Familien"* (Absatz 35), *„unsere Kultur, Sprache und Identität"* (Absatz 35), oder verbindet sie mit Phrasen wie: *„Weil wir müssen natürlich genau die Frauen und Männer stärken, die den Mut haben und die Kraft haben, Kinder auf die Welt zu bringen, sie zu begleiten und in unser System mit einzuführen."* (Absatz 39). Diese Appelle mit stark suggestiver Wirkung sind gut geeignet eine Masse für sich zu mobilisieren, wenn im Vorfeld die Identifizierung mit dieser Gruppe und dem Sprecher gelungen ist.

Weniger gut gelang der Bindungsaufbau seiner nachfolgenden Sprecherin:

> „Dankeschön. Ja. Guten Abend meine Damen und Herren. (uv. technische Störung) Ich hoffe, dass Sie mich akustisch auch (uv. Störung) nicht verstehen, melden Sie sich bitte lautstark. Ja, es ist nicht mehr lange bis zum 24.9. und ich würd ganz gern von den Worten vom (uv.) Köhler einige zum Bundesprogramm folgen lassen. Ich geh davon aus, dass das nicht alle gelesen haben. Das ist nicht schlimm, das lesen auch viele AfD-Mitglieder nicht, aber dazu sind solche Abende ja auch da, dass wir Ihnen das versuchen nahezubringen, was uns in dem Programm wichtig ist. Das (uv.) Alles und deshalb haben Sie heute die Gelegenheit an uns, also an Nico Köhler, an (uv.) und mich Fragen zu stellen und ich sage es zu solchen Gelegenheiten immer gerne vorab: Wenn hier heute Abend hier nicht genügend in dem Wahlprogramm finden, deswegen empfehle ich es doch mal: Lesen Sie es doch mal! Haben wir genügend zum Ver-

teilen, Wahlprogramme? Wunderbar! Da liegen welche zum Verteilen. Sie finden es auch im Internet, auf der Bundesseite der Partei. Es ist sehr viel kürzer als manches Wahlprogramm der anderen Parteien, weil wir und das gespart haben rein zu schreiben, was wir nach der Wahl sowieso nicht umsetzen wollen und was für die Umwelt tun." (Dr. Frauke Petry, Absatz 47)

Wie bereits beschrieben, folgt Petry einer gehobenen, überwiegend fachlichen Ausdrucksweise, welche zum Teil eine unnahbare Wirkung hat. Sie äußert sich nicht über Persönliches und begrüßt ihr Publikum klassisch förmlich. Der Eindruck einer formellen Rede wird durch mäßig schwankende Phonetik unterstützt, sequenziell ist die Rede klar strukturiert, nicht spontan.

Petry beginnt mit dem höflichen Bedanken für den begrüßenden Applaus und gibt folgend an, einen thematischen Einstieg finden zu wollen. An folgender Stelle unterstellt sie dem Zuhörer, das Wahlprogramm nicht gelesen zu haben. Dies lässt Raum zur Interpretation: Suggeriert sie, dass die Anwesenden kein Interesse daran haben? Oder versucht sie gar auszudrücken, dass sie es intellektuell nicht erfassen können? Wenngleich sie diese Aussage direkt abschwächt und das als Konformität zu Parteikollegen darstellt, ist eine negative Wertung jener und des Publikums nicht auszuschließen.

Als Lösung bietet Petry daraufhin an, die Inhalte, die ihr wichtig erscheinen, wiederzugeben.

Statt auf brückenschlagende Leerworte zu setzen, erscheint es ihr scheinbar angebracht, in der Eröffnung politische Gegner abzuwerten. Diese rhetorische Struktur zieht sich bei ihr stärker als bei Nico Köhler durch die Wahlkampfrede. Wenngleich das Publikum anfangs von ihrem Zynismus anderen Parteien gegenüber angesprochen wird, gelingt es ihr nicht, eine stabile Beziehung aufzubauen. Ihr Wesen bleibt unnahbar und hat dadurch keine authentische Zugkraft. Strategisch ist es allerdings kaum mehr notwendig, das Publikum auf der Beziehungsebene zu greifen. Nicht nur, weil sie als Person bekannt ist, sondern auch, weil ihr sprachlicher Stil als kompetent und sicher wahrgenommen wird. Als Führungspersönlichkeit stellt sie die dafür geforderten Charaktereigenschaften wie Stärke, Überlegenheit und Selbstsicherheit dar. Mit ihrer Rede verfolgt sie andere Ziele, als Nico Köhler, welcher als für die AfD erstmalig antretender Lokalpolitiker überzeugen muss. Diese Hürde hat Frauke Petry bereits genommen. Bisweilen lässt sich zudem anzweifeln, wie ernsthaft Ihr Bemühen um die Wählergunst noch war.

Typisch für propagandistisches Wirken ist die Nutzung eines Sündenbocks, wie auch an der medialen Interaktion deutlich zu erkennen war. In der Lautsprache war dieser wieder zu finden, wobei „die Schuldigen" nicht nur die „illegalen Migranten" sind, sondern auch eine *„Folge, einer völlig verfehlten Einwanderung-, Bevölkerungs- und Grenzpolitik"* (Frauke Petry, Absatz 52), also die zu dem Zeitpunkt aktuelle Regierung, welche gern als „Altparteien" bezeichnet werden, als auch der „Lügenpresse". Während man seitens der AfD-Mitglieder jedoch gern Schuldige beim Gegenüber aufzeigt, wird das eigene Fehlverhalten nicht benannt:

> „Mal zum Vergleich, wir sind ja hier nicht weit weg, es gibt ja oben das, wer es noch kennt, das sogenannte (Biehaus?), was jetzt ‚Punkt-West' ist, wo die Verreiser sitzen, die immer sehr, sehr gute Angebote machen für Kinder und Jugendliche aus (langsam) sozial schwachen Familien (..) Ja, dort hat man gleich mal 30.000 Euro gekürzt, weil kein Geld da ist. Das ist der Vergleich. Und jetzt hab ich noch eine Zahl, ich glaub, die ist noch ein kleines bisschen, ein kleines bisschen härter. Und zwar sind vom 01.01. bis 31.07.(schnell) 2016, das sind sieben Monate, sind für durchschnittlich 230 UMAS, also die unbegleiteten (schnell) minderjährigen Ausländer, in Chemnitz 8,83 Millionen Euro ausgegeben wurden. (...)" (Nico Köhler, Absatz 31)

Unabhängig dessen, dass die Summen nicht gegeneinander aufgerechnet werden können, da ihnen jeweils eigne Förderrichtlinien der Stadt Chemnitz zugrunde liegen, beziehungsweise das Angebot des „die verreiser" – Kindervereinigung Chemnitz e. V." keine Pflichtleistungen des Kinder- und Jugendhilfegesetzes sind, die Inobhutnahme jedoch schon, stellt sich die Frage nach der zugrunde liegenden Intention. Bei der Abstimmung über die neue Förderrichtlinie, welche die Einstellung der Förderung des Vereinsprojektes mit sich brachte, enthielten sich nach Aussage Jan Kochs, Projektleiter, viele Stadtratsmitglieder. Nicht so Nico Köhler. Er sprach sich für die Einstellung der Förderung in ihrer damaligen Form aus. Das heißt, maßgeblich war auch er dafür verantwortlich, dass das Projekt eingestellt werden musste. An der Stelle verschweigt Nico Köhler also nicht nur seine Beteiligung, er nutzt gezielt die Statusangst der Zuhörer und die daraus resultierende Missgunst.

Die Sprache stellt eines der effektivsten Mittel zur Manipulation und Beeinflussung von Menschen dar. Der Einsatz von Stilmitteln zu diesem Sinn und Zweck im Allgemeinen führt nur zum Erfolg, wenn er nicht bemerkt wird. Im Fokus der Forschung steht dabei meist die Frage nach der Wirkung. Oft werden dabei Kontext und Inhalt der Reden vernachlässigt, viele Studien gehen implizit von der Prämisse aus, dass allein die sprachlichen Methoden über die Wirkungsweise und Überzeugungskraft einer Rede entscheiden (vgl. Obermüller, 2016, S. 4). Da dies eine zu eindimensionale Betrachtungsweise darstellt, muss, neben der Auseinandersetzung mit der Methodik, auch das Zusammenspiel zwischen Beziehung und emotionaler Umschließung dargestellt werden.

Eine Anwendung sprachlicher Strategien ist kein Alleinstellungsmerkmal der AfD. Politische Reden sind in der Regel immer strategisch und mit geschulter Rhetorik durchsetzt. Besonders macht die AfD, dass sie von der sonst üblichen Argumentationsstruktur mit positiver Selbstwertung abweicht und Diffamierung über ihre Gegner bis hin zu Feindbildern und bewusste Falschinformation nutzt. Zudem basiert ihre Wirkung maßgeblich auf Emotion, insbesondere der Angst, statt auf Sachkompetenz. Insgesamt hat die junge Partei dabei eine Qualität erlangt, die über das Maß anderer Parteien hinausgeht. In ihrer scheinbaren Subtilität wird am deutlichsten, wie leicht über Ängste manipuliert und damit wiederum ein gesamtes, gesellschaftliches Klima beeinflusst werden kann.

6 Bedeutung für die Soziale Arbeit

Wie sich aus Abschnitt 1 herleiten lässt, kann man Ängste oft nicht rationalisieren oder ihnen adäquat argumentativ begegnen. Wenn sie einmal da sind, lassen sie sich, wenn überhaupt, nur in ihrer Stärke eindämmen. Deshalb ist Vorbeugung der grundlegendste Schritt, Ängste gar nicht erst entstehen zu lassen.

Aufklärung über diese Ängste und deren gezielte Manipulation über verschiedenste Methoden, sowie das Vermitteln von Wissen sind ein Faktor; das Herausbilden eines politischen Selbstverständnisses junger Menschen mit einhergehender politischer Bildung ein anderer. Grundlage hierfür soll und muss eine umfassende Reform des Bildungswesens sein, welches viel stärker als bisher den Fokus auf Kompetenzentwicklung legt und den reinen Wissenserwerb in eine Herausreifung der Persönlichkeit erweitert. In einer hoch technologisierten Welt, deren Digitalisierung unaufhaltsam voranschreitet, ist es deshalb auch nötig, sich mit dem Phänomen der digitalen Spaltung auseinanderzusetzen.

Digitale Inklusion als Lösungsansatz und Gegenentwurf zur digitalen Spaltung[16]

Das Phänomen der ***Digital Divide***[17] tritt national auf vielen Ebenen zutage, da nicht nur regional die Möglichkeiten des Zugangs stark von der vorhandenen Infrastruktur und allgemeinen, räumlichen Gegebenheiten abhängig sind, sondern sie oftmals auch ein Ausdruck ökonomischer Voraussetzungen sind.

Bis vor zehn Jahren waren allein in Deutschland rund 23 Millionen Menschen sogenannte „Offliner" (vgl. golem.de (Hrsg.), 2006), wobei man herausgefunden haben will, dass dies, neben dem Alter auch wesentlich in mangelnder Bildung begründet liegt. Somit spielt sie u. a. auch im Bildungssektor eine oft entscheidende Rolle. Besonders im Hinblick auf Adoleszenzler lässt sich zudem beobachten, dass auch die soziale Interaktion stark digital geprägt ist und gesellschaftliche Teilhabechancen entsprechend beeinflusst.

Die Digitale-Divide-Forschung untersucht diese sich dabei selbst reproduzierenden, sozialen Ungleichheiten im Internet (vgl. Zilien, 2013). Denn auch wenn 2017

---

[16] Beitrag zur 19. Nachwuchswissenschaftlerkonferenz am 5./6. Juni 2018 in Köthen (Anhalt). Beitrags-ID: 189; Titel: „Digitale Inklusion als Reaktion auf politische und gesellschaftliche Spaltungstendenzen".

[17] ***Digital Divide*** (Digitale Kluft) beschreibt den ungleichen Zugang verschiedener Bevölkerungsgruppen zu Informations- und Kommunikationstechnologien - im nationalen, regionalen und internationalen Vergleich (vgl. Bundeszentrale für politische Bildung).

schon gut 87 % der deutschen Bevölkerung ab dem 11. Lebensjahr Zugang zum Internet hatten (vgl. Statistisches Bundesamt (Hrsg.), 2017), sich also der Trend stark nach oben entwickelte, so entscheidet noch immer der sozio-ökonomische Hintergrund darüber, wer das Netz wie nutzt. Es ist empirisch unterlegt, dass jene, die sich bereits in einer privilegierten gesellschaftlichen Position befinden, in höherem Ausmaß von der Verfügbarkeit des neuen Mediums profitieren (vgl. Zilien, 2013).

Soziale Ungleichheiten sind auch außerhalb der digitalen Welt ein Dauerbrenner politischer Debatten, da diese nicht nur mit ungleichen Bildungschancen einhergehen, sondern maßgeblich die Stimmung in der Bevölkerung beeinflussen (vgl. Bayrischer Rundfunk, 2017). Da, wo gefühlte und tatsächliche Ungerechtigkeit wächst, da wächst auch Unruhe. Eine Unruhe, welche sich wie in den vorausgehenden Abschnitten gezeigt, populistische, politische Akteure zunutze machen: Sie wird befeuert, verstärkt und gezielt manipuliert. Digital erreicht man Unzählige, ganz gleich welcher sozialen Schicht. Bereitwillig lassen sie sich über die vielfältigen, neuen Methoden führen, die Unzufriedenheit und Radikalisierungsbereitschaft wachsen, politische Extreme gewinnen an Zuspruch. Das heißt, die im Internet reproduzierte Ungleichheit verstärkt auch zeitgleich die wachsende, gesellschaftliche Spaltung.

Sich mit diesen Fragestellungen beschäftigende Professionen sind vor allem die Wirtschafts- und Kommunikationswissenschaften, Teile der Medienwissenschaften, diverse Sektoren der Informatik, vor allem Freeware-Entwickler, weniger die Soziologie und zunehmend die Politikwissenschaften. Diese Wissenschaften gehen immer mehr den Weg einer tatsächlichen, transdisziplinären Zusammenarbeit zur Beantwortung, da das komplexe Ökosystem der digitalen Welt keine eindimensionalen Parzellierungen mehr zulässt.

An dieser Stelle muss sich nun auch die Soziale Arbeit fragen: Wie kann man diese politisch- gesellschaftlichen Entwicklungen steuern oder gar aufhalten? Ist Inklusion im Sinne der Digital Divide möglich und sind ungleichheitsfreie Teilhabe am Internet sowie das damit einhergehende Schaffen einer einheitlichen Bildungsbasis, eine Antwort gegen das Erstarken politischer Strömungen?

Digitale Inklusion darf hier also nicht nur Menschen mit Behinderungen ansprechen, sondern muss barrierefreien Zugang für alle Menschen einer Gesellschaft fordern. Sie muss bestrebt sein, die individuellen Zugangschancen aller gleichwertig zu schaffen. Analog der Bildungschancengleichheit, soll die Digitale Inklusion also eine „Digitale Zugangschancengleichheit" schaffen. Diese erfordert auch ein neues und erweitertes Verständnis des Medienkompetenzbegriffs.

Neues und erweitertes Verständnis von Medienkompetenz

Soziale Arbeit muss sich dahin gehend weiter die Frage stellen lassen, ob die bisherige Medienkompetenz in der Lehre noch dem Zeitgeist entspricht. Nur dann kann das Verständnis von „Medienkompetenz", insbesondere im Bildungssektor, einen Wandel erfahren: Medienkompetenz ist längst nicht mehr das bloße Bedienen von Technik und Software, sondern grundlegend eben auch das Erkennen von manipulierenden Mechanismen. Der heute erforderliche Begriff der Medienkompetenz muss sich also mehr noch zu dem entwickeln, was man unter *digitaler Kompetenz* versteht. Diese beinhaltet das Verständnis von Informationen und Daten, über Kommunikation und Zusammenarbeit; die Sicherheit der Geräte, personenbezogener Daten sowie der Umwelt beim Umgang mit digitalen Technologien und das Erstellen digitaler Inhalte (vgl. DigComp (Hrsg.), 2017). Wer ein Individuum mit der Kompetenz auszustatten versucht, Medien einerseits zu nutzen, andererseits kritisch zu betrachten, der muss dies immer auch unter Beachtung der digitalen Kompetenzen. Beide Begriffe sind deshalb im heutigen Diskurs untrennbar vereint, sodass die digitale Kompetenz einen Teilbereich der Medienkompetenz darstellen sollte. Der Überbegriff der *Digitalen Bildung* versucht, an dieser Stelle anzusetzen und unter sich beides zu verbinden, auch wenn es in der Definition noch nicht gelingt, die inhaltliche Bedeutung der Medienkompetenz aufrechtzuerhalten.

Dies kann nur dann gelingen, wenn auch die Lehrenden selbst mit ausreichender, digitaler- und Medienkompetenz ausgestattet werden, was nicht selten bereits daran scheitert, dass sich vor Digitalisierung verschlossen wird. Es fehlen bisweilen Erfahrungswerte über die tatsächlichen Auswirkungen des Umgangs mit Neuen Medien, wenngleich das Leben für künftige Generationen immer mehr Überschneidung der digitalen und der analogen Lebenswelt mitbringt. Ein Umdenken kann entsprechend nur dann stattfinden, wenn ein Bewusstsein für die Komplexität des Sektors, dessen Interaktionen und die Folgen für das analoge, gesellschaftliche Leben geschaffen wird. Ebenso kann der Blick weg vom Defizitären hin zum Chancenreichtum helfen. Der vom Buchwissenschaftler Dietrich Kerlen geprägte Begriff der „Medien-Moralisierung" beschreibt dieses Phänomen: Besonders im deutschsprachigen Raum hat das Buch noch immer einen hoch angesehenen Stellenwert. Sich abfällig über andere Medien zu äußern ist entsprechend legitim, was die Skepsis gegenüber Neuer Medien aufrechterhält. Der Medienethiker Matthias

Rath nennt diesen Effekt „Applaus-Effekt". Dieser besagt garantierte, positive Zustimmung, wenn negative Kritik an Medien geäußert wird (vgl. Boeselanger, 2018) Würde die Gesellschaft mehr über die Chancen und Möglichkeiten der Digitalisierung sprechen, Bildungseinrichtungen die digitalen Medien als Teil einer Kindheit und Jugend verstehen, dann wäre die Perspektive gegeben, auch die Digitale Inklusion zu ermöglichen.

7 Resümee

Einen Einblick in die benannte Komplexität der Interaktion digitaler und analoger Welt zu schaffen war Ziel dieser Masterthesis. Dies kann an dieser Stelle jedoch nur in Ausschnitten geschehen und erfordert ein Verständnis vieler Themengebiete unterschiedlichster Wissenschaftsdisziplinen. Wenn man die tatsächliche Transdisziplinarität des Themas betrachtet, stellt sich erneut die Frage, welche im wissenschaftlichen Diskurs immer wieder entflammt: Gibt es eine eigene „Sozialarbeitswissenschaft"?

Eine gute Sozialarbeit gelingt in der Praxis nur dann, wenn sich die Sozialarbeitenden ihrer multiperspektivischen Haltung bewusst werden. Dahin gehend ist ebenfalls anzumerken, dass reine Fachkompetenz zwar eine notwendige, allerdings keineswegs hinreichende Voraussetzung für die transdisziplinärer Zusammenarbeit darstellt. Wie zu Beginn ausgeführt, ist transdisziplinäres Arbeiten als eine Organisationsform wissenschaftlicher Lehre und Forschung zu sehen. Der Umgang mit dieser „ist primär eine an die Person gebundene Kompetenz, die immer schon vorausgesetzt ist, wenn Dialog und Zusammenarbeit über die Fachgrenzen hinaus erfolgreich sein sollen." (Johannes-Gutenberg-Universität Mainz, o. J. und vgl. eigene Publikation, in: Mayrberger, Dr. (Hrsg.), 2018, S. 132f) Wenn man die Soziale Arbeit also als eine disziplinenübergreifende, anwendungsorientierte Wissenschaft versteht – was sie mit der Entlehnung ihrer Definitionen aus anderen Wissenschaften andeutet – dann kann man sagen, dass es eine eigene Sozialarbeitswissenschaft gibt, welche ein Feld transdisziplinären Austausches ist. Sie ist somit die Realität gewordene Vorstellung von grenzüberschreitender Zusammenarbeit in Wissenschaft und Gesellschaft.

So grenzüberschreitend ist letztlich auch die Suche nach einer Erklärung darüber, wie sich der Affekt Angst im digitalen Zeitalter politisch nutzbar machen lässt. Aus den Kapiteln 2 und 4 wird deutlich: Ohne ein Grundverständnis von Psychologie, Philosophie, Politik, Soziologie und Informatik kann es kaum gelingen, das Wirken der machtinteressierten Akteure nachzuvollziehen und ihnen entgegenzutreten. Der Umgang damit im Alltag ist klassisches sozialpädagogisches Handeln, da der Zugang zur Angst nicht rein faktenbasiert möglich ist.

Doch nicht nur auf der Mikroebene erfordert das Thema ein Hineinleben in eine neue, wissenschaftlich noch wenig erschlossene Welt, deren Folgen für die realen Gegebenheiten aktuell nicht gänzlich abzusehen sind. Wie unter Punkt „Bedeutung für die Soziale Arbeit" aufgeführt, bedarf es auch auf Meso- und Makroebene eine zukunftsorientierter Entwicklung.

Das Potenzial des Missbrauchs basaler, menschlicher Affekte zu machtpolitischen Zwecken ist vorhanden und wird an verschiedenen Stellen genutzt. Dieser Missbrauch, der die Manipulation der Menschen erfordert, hat mindestens das Potenzial die Stimmung einer ganzen Gesellschaft zu beeinflussen, wenn er unreflektiert wirken darf. Denn weiter konnte in der Arbeit aufgezeigt werden, dass die Gefahrenlage zwar nicht größer geworden ist, tendenziell sogar sank dennoch die Reaktionen auf die implizierte Gefahr stark sind. Damit ist die Gefahr, welche von, im Ursprung, angstmotivierten Taten ausgeht, in ihren Folgen nicht zu unterschätzen. Zusammen mit gruppenpsychologischen Phänomenen und unter Betrachtung der Geschichte, können verängstigte, wenig aufgeklärte Menschen in Summe zu einer ernst zu nehmenden Bedrohung werden (vgl. Kapitel 3). Deshalb ist es umso wichtiger, die Ängste der Menschen rechtzeitig aufzugreifen, ernst zu nehmen und ihnen Gehör zu verschaffen, statt sie öffentlich der Lächerlichkeit preiszugeben oder als Nonsens abzutun. Entsprechend ist es unabdingbar, die Ursachen der Ängste zu erfassen und vor allem die Primärprävention und die digitalen Inklusionsbemühungen deutlich zu verstärken.

Literaturverzeichnis

Wissenschaftliche Literatur:

Balsinger, Phillipp W.: Transdisziplinarität. Systematisch-vergleichende Untersuchung disziplinenübergreifender Wissenschaftspraxis. Wilhelm Fink Verlag, München. 2005.

Baron, Pavlo: Big-data für IT-Entscheider. Riesige Datenmengen und moderne Technologien gewinnbringend nutzen. Carl-Hanser-Verlag München, München. 2013.

Bundesamt für Migration und Flüchtlinge (Hrsg.): Aktuelle Zahlen zu Asyl. Ausgabe: Januar 2018. Tabellen. Diagramme. Erläuterungen. 2018.

Bundesamt für Migration und Flüchtlinge (Hrsg.): Aktuelle Zahlen zu Asyl. Ausgabe: Juli 2017. Tabellen. Diagramme. Erläuterungen. 2017.

Bundesamt für Migration und Flüchtlinge (Hrsg.): sachsen.de. Asylinformationen. Ankommen und Asylverfahren. Aktuelle Zahlen. https://www.asylinfo.sachsen.de/ankommen-und-asylverfahren.html?_cp=%7B%22accordion-content-1548%22%3A%7B%220%22%3Atrue%7D%2C%22previousOpen%22%3A%7B%22group%22%3A%22accordion-content-1548%22%2C%22idx%22%3A0%7D%7D, verfügbar am 20.11.2017

Bundesamt für Migration und Flüchtlinge (Hrsg.): sachsen.de. Statistik. Bevölkerung. https://www.statistik.sachsen.de/html/369.htm, verfügbar am 23.02.2018

Bundeskriminalamt Abteilung IZ (Internationale Koordinierung, Bildungs-/Forschungszentrum) (Hrsg.): BKA – Statistische Informationen zu ausgewählten Straftaten/-gruppen in der Bundesrepublik und in den Bundesländern sowie deren Hauptstädte. Ausgabe 2016, Version: 1.0. Kriminalistisches Institut Referat IZ 3365173 Wiesbaden, 2016

Bundeskriminalamt (Hrsg.): Aktuelle Informationen. Statistiken und Lagebilder. Polizeiliche Kriminalstatistik. PSK 2016. 24. April 2017. Sächsisches Staatsministerium des Inneren, Abteilung 3 (Hrsg.): PKS Jahrbuch 2015. Gesamtüberblick. 2016, verfügbar am 05.03.2018

Bundesministerium des Inneren (Hrsg.): Bericht zur Polizeilichen Kriminalstatistik 2016. 2017.

Burger, Harald/Buhofer, Annelies/Sialm, Ambros: Handbuch der Phraseologie. 1. Auflage. Walter de Gruyter Verlag Berlin/ New York. Berlin. 1982.

Busse, Stefan, Dr.: Seminar-Mitschriften. Grundlagen III –Beraten, Leiten, Steuern. Kommunikation. Fakultät Soziale Arbeit, Hochschule Mittweida. Studiengang: Master Soziale Arbeit. Sommersemester 2017/2018

Deutscher Verein für öffentliche und private Vorsorge (Hrsg.): Fachlexikon der Sozialen Arbeit. Angst. 5. Auflage. Kohlhammer, München. 2002.

Deutsches Institut für Medizinische Dokumentation und Information DIMDI (Hrsg.) im Auftrag des Bundesministeriums für Gesundheit (BMG): ICD10-GM. Systematisches Verzeichnis Internationale statistische Klassifikation der Krankheiten und verwandter Gesundheitsprobleme, 10. Revision.- German Modification -. 2018.

DigComp - Digital Competence Framework for citizens (Hrsg.): Knowledge. Overview. https://ec.europa.eu/jrc/en/working-with-us, verfügbar am 08.05.2018

Einecke, Günther: Online-Didaktik Deutsch. Analyse einer politischen Rede. Situationsanalyse - Argumentationsanalyse - rhetorische Analyse - Analyse der Redestrategien - semantische Analyse. 2017. http://www.fachdidaktik-einecke.de/4_Literaturdidaktik/ analyse_einer_politischen_rede.htm, verfügbar am 17.04.2018

Freche, Angela, Dr./ Gärtke-Braun, Jenny: Interdisziplinarität wird im Projekt SEM an der Hochschule Mittweida großgeschrieben. 31.03.2018. In: Mayrberger, Kerstin, Dr. (Hrsg.): Universitätskolleg-Schriften Band 24. Synergie(n!). Beiträge zum Qualitätspakt Lehre im Jahre 2017. Universitätskolleg-Schriften. Hamburg, 2018.

Haß, Kristina: Microtargeting. In: Datenbanken verstehen für Anfänger und Profis (Hrsg.). 2018. http://www.datenbanken-verstehen.de/lexikon/microtargeting/, verfügbar am 05.04.2018

Klumbies, Hans: Datengrundlagen für Entscheidungen schaffen. In: Mittelstandswiki (Hrsg.): Geschäftsanalytik. O.J. https://www.mittelstandswiki.de/wissen/Geschäftsanalytik, verfügbar am 05.04.2018

Mair, Daniela: E-Learning - das Drehbuch. Handbuch für Medienautoren und Projektleiter. Berlin: Springer, 2005. In: Lern-Psychologie.de. Konstruktivismus. http://www.lern-psychologie.de/kognitiv/konstruktivismus.htm, verfügbar am 07.03.2018

Mediendienst Integration (Hrsg.): Informationen zu Fragen der Einwanderungsgesellschaft. Zahl der Flüchtlinge. https://mediendienst-integration.de/migration/flucht-asyl/zahl-der-fluechtlinge.html#c1160, verfügbar am 23.02.2018

Landeskriminalamt Sachsen (Hrsg.): Polizeiliche Kriminalstatistik im Freistaat Sachsen Jahresüberblick 2017. https://www.polizei.sachsen.de/de/dokumente/Landesportal/PKS-JahresXberblickX2017.pdf, verfügbar am 19.04.2018

Leutheusser-Scharrenberger, Sabine: Die Macht der Medien ist kein Selbstzweck. In: Hestermann, Thomas (Hrsg.): Von Lichtgestalten und Dunkelmännern. Wie die Medien über Gewalt berichten. VS Verlag für Sozialwissenschaften. Springer Fachmedien Wiesbaden, Wiesbaden. 2012.

Obermüller, Sebastian: Manipulation durch Sprache in der politischen Rede des Nationalsozialismus. Parallelen zur politischen Rede von AfD und PEGIDA. Facharbeit. GRIN Verlag. München. 2016.

ProChemnitz (Hrsg.): Über uns. https://pro-chemnitz.de/ueber-uns, verfügbar am 05.07.2018

Rauh, Christina Angela: Wahlkampf im Kontext. Theoretische Grundlagen I: Negative Campaigning. Springer VS. Springer Fachmedien Wiesbaden, Wiesbaden. 2016

Reich, K.: Methodenpool. 2003ff. http://methodenpool.uni-koeln.de/download/reframing.pdf, verfügbar am 08.03.2018

Stadt Chemnitz (Hrsg.): Bürger & Rathaus. Wahlen. Wahlen 2014. Europa- und Kommunalwahl. Ergebnisse Stadtratswahl. 2014. Endgültiges Wahlergebnis der Stadtratswahl in Chemnitz. Wahlkreis 7 nach Auszählung von 23 der 23 Wahlbezirke (inkl. Briefwahl). http://www.chemnitz.de/chemnitz/de/buerger-rathaus/wahlen/wahlen_2014/eu_kommunalwahl/ergebnisse_stadtrat/index.html , verfügbar am 25.03.2018

Stangl, Werner: Online Lexikon für Psychologie und Pädagogik. Online-Enzyklopädie aus den Wissenschaften Psychologie und Pädagogik. Stichwort: Theory of Mind. http://lexikon.stangl.eu/511/theory-of-mind/, verfügbar am 08.03.2018

Statistisches Bundesamt (Hrsg.): D-Statis. IT-Nutzung. Private Nutzung von Informations- und Kommunikationstechnologien. Computer- und Internetnutzung im ersten Quartal des jeweiligen Jahres von Personen ab 10 Jahren. https://www.destatis.de/DE/ZahlenFakten/ GesellschaftStaat/EinkommenKonsumLebensbedingungen/ ITNutzung/Tabellen/ZeitvergleichComputernut zung_IKT.html, verfügbar am 07.02.2018

Staub-Bernasconi, Silvia, Prof. Dr. habil.: Vom beruflichen Doppel- zum professionellen Tripelmandat. Wissenschaft und Menschenrechte als Begründungsbasis der Sozialen Arbeit. StB, Zürich und Berlin. 2007

Welt (Hrsg.): Politik. Bundestagswahl 2017. Wahlergebnisse. Ergebnis und Wahlsieger im Wahlkreis 162. 25.09.2017. https://www.welt.de/politik/bundestagswahl/article168296827/Ergebn is-und-Wahlsieger-im-Wahlkreis-162.html, verfügbar am 25.03.2018

Wernicke, Uta: Sprachwissen. Handwerk und Technik, Hamburg. 1974.

Quellen:

Alternative für Deutschland – Geschäftsstelle Chemnitz (Hrsg.): Ihre Alternative für Chemnitz stellt sich vor. Broschüre. 2018.

Althoetmar, Kai: planet wissen. Gesellschaft. Psychologie. Angst. Sendungen: „Warum haben wir Angst?". http://www.planet-wissen.de/gesellschaft/ psychologie/angst/index.html, verfügbar am 14.12.2017

Antifaschistisches Pressearchiv und Bildungszentrum Berlin e.V. (apabiz) (Hrsg.): NSU Watch. Aufklären & Einmischen. Protokoll 164. Verhandlungstag – 26. November 2014. https://www.nsu-watch.info/2014/11/ protokoll-164-verhandlungstag-26-november-2014/, verfügbar am 26.03.2018

Bayrischer Rundfunk: Die Macht von Stimmungen. 27.06.2017.
http://www.ardmediathek.de/radio/radioWissen/Die-Macht-von-
Stimmungen- Wenn-Entt%C3%A4usc/Bayern-2/Audio-
Podcast?bcastId=5945518&documentId=43826224, verfügbar am
26.11.2017.

Boeselager, Felicitas: Lernziel Medienkompetenz. Jugendliche und die digitale
Welt. 31.03.2018. In: Deutschlandfunk (Hrsg.): Hintergrund.
http://www.deutschlandfunk.de/lernziel-medienkompetenz-jugendliche-
und-die-digitale-welt.724.de.html?dram:article_id=414470, verfügbar am
06.05.2018

Botswatch GmbH (Hrsg.): Bot Detection in Real Time. Alert System. Forensic
and Attribution. Stimmen aus Politik und Medien. http://botswatch.de,
verfügbar am 07.05.2018

Bude, Heinz; Eder, Andreas; Schreiber, Justina: Radiobeitrag und Interview.
In: ARD-Mediathek. Radio. Bayern 2. Titel: Die Macht von Stimmungen -
Wenn Enttäuschung und Überdruss regieren.

Bundeskriminalamt (Hrsg.): Kernaussagen „Kriminalität im Kontext von Zuwanderung", Betrachtungszeitraum 01.01.-30.09.2017. Wiesbaden, 2017.

Bundeszentrale für politische Bildung (Hrsg.): Gesellschaft / Medien &
Sport / Krieg in den Medien / Kriegspropaganda / Was ist Propaganda?
Was ist Propaganda? Nur wer Propaganda als solche erkennt, kann sich
dagegen wehren. 01.10.2011. http://www.bpb.de/gesellschaft/medien-
und-sport/krieg-in-den-medien/130697/was-ist-propaganda, verfügbar
am 24.03.2018

Bundeszentrale für politische Bildung (Hrsg.): Internationales. Afrika. Digitale Kluft. Die Digitale Kluft überwinden. Informations- und Kommunika-
tionstechnologie in Afrika. 05.12.2005. http://www.bpb.de/
internationales/afrika/afrika/59047/digitale-kluft?p=all, verfügbar am
04.10.2017

Bürgerbewegung Pro Chemnitz (Hrsg.): Wahl 2014. https://pro-
chemnitz.de/wahl-2014, verfügbar am 25.03.2018

Bürgerbewegung Pro Chemnitz (Hrsg.): Facebook-Seite. Post vom
17.02.2017. https://www.facebook.com/pg/prochemnitz/
posts/?ref=page_internal, verfügbar am 08.05.2018

Burschenschaft Arminia zu Leipzig e.V. (Hrsg.): Mitglied werden. http://arminia-leipzig.de/#Mitglied, verfügbar am 26.03.2018

Chemnitzer Blick (Hrsg.): Chemnitz. Erneute Drogen-Razzia im Chemnitzer Zentrum. 10.05.2017. https://www.blick.de/chemnitz/erneute-drogen-razzia-im-chemnitzer-zentrum-artikel9901464, verfügbar am 08.05.2018

Der Sächsische Ausländerbeauftragte (Hrsg.): Daten und Fakten zum Thema Asyl in Sachsen. Dresden, 2015.

DGB Region Südwestsachsen (Hrsg.): „RECHTS" sind doch die anderen!?. Eine Auseinandersetzung mit menschenverachtenden Einstellungen und ein aktueller Überblick über die Neonazi-Szene und die Neue Rechte in Chemnitz. Creativ-Commons-Licence. 2014.

http://www.ardmediathek.de/radio/radioWissen/Die-Macht-von-Stimmungen-Wenn-Entt%C3%A4usc/Bayern-2/Audio-Podcast?bcastId=5945518&documentId=43826224. 21 Minuten. 27.06.2017

Franke, Lars: Persönliche Facebook-Seite. https://www.facebook.com/ lars.franke.5811verfügbar am 26.03.2015

Franke, Lars: Politischer Auftritt. https://www.facebook.com/Lars-Franke-297912933694953/, verfügbar am 26.03.2015

Einzelnachweise:

https://www.facebook.com/permalink.php?story_fbid=813050915514483&id =297912933694953, verfügbar am 05.07.2018

Fanszene Chemnitz e.V. (Hrsg.): Über uns. 19.02.2018. https://fanszenechemnitz.wordpress.com/ueber-uns/, verfügbar am 19.04.2018

Geib, Fabian: „Ich sehe was, was du nicht siehst". Filterblasen – Medien zwischen Individualität und Manipulation?. 29.09.2017. In: Stiftung Medien-Kompetenz Forum Südwest (MKFS). Silver Tipps! Sicher online. http://www.silver-tipps.de/filterblase-medien-zwischen-individualitaet-und-manipulation/, verfügbar am 23.03.2018

Golem.de (Hrsg.): IT-News für Profis. Zu alt und zu ungebildet? 23 Millionen Offliner in Deutschland. 7.11.2006, https://www.golem.de/0611/48801.html, verfügbar am 04.20.2017

Grasselt, Doreen: Persönliche Facebook-Seite.
https://www.facebook.com/doreen1802?hc_ref=ARSMdHnYEZVycs5SLF
61xqPWdswNbauMeeRheXCJAgq7pbi94Z-LdTNvf9dmeZx4ZC8, verfügbar
am 23.04.2018

Hochschule Macromedia (Hrsg.): Angstfigur versus Willkommenskultur:
Macromedia-Professor untersucht Medienberichterstattung über Flücht-
linge. 31.07.2017. Auch erschienen in: journalist - Das Medienmagazin;
Ausgabe 8/2017

http://www.macromedia-fachhochschule.de/presseraum/news-
details/datum/2017/7/31/gewalttaetige-angstfigur-vertreibt-
willkommenskultur-macromedia-professor-untersucht-
medienberichte.html, verfügbar am 24.03.2018

Höcke, Björn: Facebook. Offizielle Seite. Beitrag.
.https://www.facebook.com/pg/Bjoern.Hoecke.AfD/posts/?ref=page_inte
rnal, verfügbar am 17.12.2016

Joos, Thomas: Honeypots - so locken Sie Hacker in die Falle. 07.1.2018. In: IDG
Tech Media GmbH - Content Management by InterRed (Hrs.): PC-Welt.
Home > Profi IT > Sicherheit > Angreifer bewusst anlocken.
https://www.pcwelt.de/ratgeber/Honeypots-so-locken-Sie-Hacker-in-
die-Falle-Angreifer-bewusst-anlocken-9805621.html, verfügbar am
23.03.2018

Kindt, Jana: Polizei zieht Bilanz zum Chemnitzer Stadtfest 2017. Medieninfor-
mation: 457/2017. Stand 28.08.2017, 10:30 Uhr. In: Polizei Sachsen
(Hrsg.): Polizeidirektion Chemnitz. Medieninformationen. 2017. August.
https://www.polizei.sachsen.de/de/MI_2017_51956.htm?fref=gc&dti=22
2421044875425, verfügbar am 06.05.2018

Kleffner, Heike: Lesung zu „Unter Sachsen" mit anschließender Podiumsdiskussion. Weltecho Chemnitz. 18.11.2017

Kliese, Hanka: Kommentar: Nachdenken über Einsiedel. 10.01.2016. In: END-
STATION RECHTS. Projekte der Jungsozialistinnen und Jungsozialisten in
der SPD Mecklenburg-Vorpommern. https://www.endstation-
rechts.de/news/kommentar-nachdenken-ueber-einsiedel.html, verfügbar
am 26.03.2018

Klingst, Martin; Venohr, Sascha: Wie kriminell sind Flüchtlinge? Was die Kriminalstatistiken der Bundesländer über die Zunahme von Gewalttaten seit 2015 verraten: Sechs Trendmeldungen zur Zuwanderungskriminalität. 19.04.2017. In: ZeitOnline. Gesellschaft. Kriminalität. http://www.zeit.de/2017/17/kriminalitaet-fluechtlinge-zunahme-gewalttaten-statistik, verfügbar am 07.03.2018

Köhler, Nico: Persönliche Facebook-Seite. https://www.facebook.com/nico.koehler.chemnitz/, verfügbar am 26.03.2018

Kohlmann, Martin: Karl Martin Kohlmann. Rechtsanwaltskanzlei Chemnitz. https://martinkohlmann.de/kanzlei, verfügbar am 26.03.2018

Kopp, Johannes: Wie der Chemnitzer FC mit Rechten umgeht. Ultras, NS-Boys und die Kurve. 20.09.2008. In: taz Verlags u. Vertriebs GmbH (Hrsg.): taz.de. Sport. http://www.taz.de/!5175573/, verfügbar am 19.04.2018

Limbach, Patrick: Leipziger Burschenschafter und ihre Verbindungen nach rechtsaußen. In: rechte Jugendbünde. Ein Blog über völkische und neurechte Gruppen. http://rechte-jugendbuende.de/?p=1172, verfügbar am 26.03.2018

Locker, Daphne: Was hinter den Bots steckt, die die 31 geheimen AfD-Gruppen gesteuert haben. 08.09.2017. In: Motherboard (Hrsg.): Die Wahl auf Motherboard. https://motherboard.vice.com/de/article/qvv7eb/was-hinter-den-bots-steckt-die-die-31-geheimen-afd-gruppen-gesteuert-haben, verfügbar am 05.07.2018

Löer, Wigbert: Ja, das sind Bilder aus einer AfD-Whatsapp-Gruppe - Einblicke in eine sehr eigene Welt. 19.04.2018 In: Stern.de (Hrsg.): Politik. Rechtes Gedankengut. https://www.stern.de/politik/deutschland/afd--der-stern-folgte-einer-whatsapp-gruppe-der-rechten-partei-7949432.html, verfügbar am 23.04.2018

Manufaktur für Wachstum GmbH (Hrsg.): Die 12 wichtigsten Wahrnehmungs- und Beurteilungsfehler. 2018. https://www.manufaktur-wachstum.de/artikel/die-12-wichtigsten-wahrnehmungs-und-beurteilungsfehler, verfügbar am 09.03.2018

Meisner, Matthias: Lesung zu „Unter Sachsen" mit anschließender Podiumsdiskussion. Weltecho Chemnitz. 18.11.2017

MDR Sachsen (Hrsg.): Bundestagswahl 2017 | Direktkandidaten aus Sachsen. Nico Köhler (AfD) Wahlkreis Chemnitz (162). 26. August 2017. https://www.mdr.de/sachsen/politik/wahlen/bundestagswahl/bundesta gswahl-sachsen-direktkandidat-afd-chemnitz-nico-koehler100.html, verfügbar am 26.03.2018

Mimikama.at (Hrsg.): Faktencheck: „Flüchtlingsgewalt" auf Chemnitzer Stadtfest. Autorin: Kathrin. 01.09.2017. https://www.mimikama.at/ allgemein/faktencheck-chemnitzer-stadtfest/, verfügbar am 06.05.2018

Müller, Thomas: Redakteur Freie Presse Chemnitz. Gespräch. Januar 2018.

Raack, Alex: Kay Herrmann vom Fanprojekt Chemnitz im Interview »Unsere Fans zeigen Zivilcourage«. 28.08.2012. In: 11 Freunde. Magazin für Fußballkultur (Hrsg.): Rassismus, Fans. https://www.11freunde.de/ interview/kay-herrmann-vom-fanprojekt-chemnitz-im-interview, verfügbar am 19.04.2018

Rammelsberger, Annette: NSU-Prozess. Rechtsradikaler bedroht Journalisten im Gerichtssaal. 05.03.2015. In: Süddeutsche Zeitung. Politik. http://www.sueddeutsche.de/politik/nsu-prozess-rechtsradikaler-bedroht-journalisten-im-gerichtssaal-1.2380290, verfügbar am 25.03.2018

Reinbold, Fabian: Oxford-Studie. Warum die AfD den Twitter-Wahlkampf dominiert. 19.09.2019. In: Spiegel Online GmbH (Hrsg.): Nachrichten. Netzwelt. Web. Bundestagswahl 2017. http://www.spiegel.de/netzwelt/ web/afd-dominiert-den-twitter-bundestagswahlkampf-auch-dank-bots-a-1168659.html, verfügbar am 07.05.2018

Rippert, Bernd: 53 Straftaten. Dieser Typ ist Dauergast bei der Polizei. 23.01.2015. In: TAG24 NEWS Deutschland GmbH (Hrsg.): Tag24 Chemnitz. https://www.tag24.de/nachrichten/polizei-einbrecher-chemnitz-mopo24-4033, verfügbar am 18.04.2018

Rippert, Bernd: Streit eskaliert: Jugendliche wollen Opfer Ohr abschneiden. 17.02.2017. In: TAG24 NEWS Deutschland GmbH (Hrsg.): Tag24 Chemnitz. https://www.tag24.de/nachrichten/chemnitz-jugendliche-streit-eskaliert-opfer-ohr-abschneiden-217925, verfügbar am 08.05.2018

Sächsische Staatskanzlei (Hrsg.): sachsen.de. Ankommen und Asylverfahren. https://www.asylinfo.sachsen.de/ankommen-und-asylverfahren.html, verfügbar am 24.02.2018

Sächsisches Staatsministerium des Inneren, (Hrsg.): Kriminalitätsentwicklung im Freistaat Sachsen im Jahr 2015. 1. Polizeiliche Kriminalitätsstatistik - grafischer Überblick. 2016.

Sächsisches Staatsministerium des Inneren, Abteilung 3 (Hrsg.): PKS Jahrbuch 2015. Gesamtüberblick. 2016.

Schneider, Alexander: „Gruppe Freital"-Prozess. Halbherzige letzte Worte. 27.02.2018. In: Sächsische Zeitung. SZ-Online (Hrsg.): Sachsen. http://www.sz-online.de/sachsen/halbherzige-letzte-worte-3887273.html, verfügbar am 26.03.2018

Schilling, Thorsten: Drohende Eskalation: Chemnitzer Stadtfest am Samstag abgebrochen! 27.08.2017. In: TAG24 NEWS Deutschland GmbH (Hrsg.): Tag24 Chemnitz. https://www.tag24.de/nachrichten/chemnitz-stadtfest-abbruch-musik-aus-brueckenstrasse-vorfaelle-322625, verfügbar am 05.07.2018

Seifert, Sabine: Rechte Szene in Chemnitz. Als die Nazis Reißaus nahmen. In: taz Verlags u. Vertriebs GmbH (Hrsg.): taz.de. 2017. http://www.taz.de/!5377926/; verfügbar am 06.02.2017

Tag24 News Deutschland GmbH (Hrsg.): Facebook-Seite. Post vom 17.02.2017. https://www.facebook.com/tag24.chemnitz/posts/840676096070067, verfügbar am 17.02.2017

Winkelbauer, Wolfgang: Sportlexikon. Fußball. Ultras und Fußballfans. Ultras: Sehr bemühte Fußballfans. https://www.sportlexikon.com/fussball-ultras, verfügbar am 06.05.2018

Wildermuth, Volkhardt: Deutschlandfunk. Forschung aktuell. Vorgeburtliche Prägung. Der lange Schatten von Stress im Mutterleib. 22.09.2015. http://www.deutschlandfunk.de/vorgeburtliche-praegung-der-lange-schatten-von-stress-im.676.de.html?dram:article_id=331894, verfügbar am 01.03.2018

YoutTube.com (Hrsg.): Stadtfest Chemnitz traumatisiert Ausländeranteil 90%. Video, hochgeladen von „Roßwein wehrt sich!" https://www.youtube.com/watch?v=O6Ny8MmTqPU, verfügbar am 05.05.2018

ZeitOnline (Hrsg.): Gesellschaft. Polizeiliche Kriminalstatistik Zahl der Straftaten sinkt um fast zehn Prozent. 21.04.2018. http://www.zeit.de/gesellschaft/zeitgeschehen/2018-04/polizeiliche-kriminalstatistik-rueckgang-straftaten-zehn-prozent, verfügbar am 23.04.2018

Zillien, Nicole: Digitale Spaltung – Reproduktion sozialer Ungleichheit im Internet. 14.11.2013. In: Bundeszentrale für politische Bildung (Hrsg.): Dialog. Die Netzdebatte. Risikogesellschaft. https://www.bpb.de/dialog/netzdebatte/171701/digitale-spaltung-reproduktion-sozialer- ungleichheiten-im-internet, verfügbar am 07.02.2018

Zulehner, Paul: Angst. Fürchtet Euch nicht! Wollen wir eine Politik der Angst oder des Vertrauens? Diese gesellschaftliche Debatte muss Deutschland führen. Der Glaube kann dabei helfen. 19.08.2917. In: ZEIT. Christ und Welt (Hrsg.) und Zeit Online (Hrsg.). http://www.zeit.de/2016/35/angst-klima-politik-vertrauen-debatte-glaube, verfügbar am 24.03.2018

Anhang

Transkription Wahlkampfreden Nico Köhler & Frauke Petry

Transkriptionskopf

Art	Rede Wahlkampfveranstaltung -Öffentlich- Volltranskription und Protokollierung
Datum	21.08.2017
Ort	Rabensteiner Hof, Chemnitz
Name, Position	Nico Köhler Direktkandidat Chemnitz zur Bundestagswahl 2017 Dr. Frauke Petry Parteivorsitzende Direktkandidatin in Sachsen zur Bundestagswahl 2017
Dauer:	Nico Köhler: 16:58 Frauke Petry: 43:04

#00:00:00-0#

Ton-Test #00:00:44-3#

Nico Köhler (Direktkandidat)¡: (starker Dialekt) So, schönen Guten Abend! **(Applaus)|(unv. Technische Störung)** Die im Saal möchte ich erstmal begrüßen, die ich aus verschieden ja, Stellen, wie Einsiedel und wo ich so unterwegs bin, kenne. Den Rest heiß ich natürlich auch herzlich Willkommen, die Leute aus Rabenstein, Reichenbrannd zu treffen. Freut mich, dass ihr überhaupt hier seid, dass ihr euch für unsere Politik interessiert. **(unv.)** muss ich mich erstmal vorstellen: Bin ja selber in Reichenbrannd wohnhaft **(starker Dialekt)** *41 Jahre alt, verheiratet und ziehe mit meiner Frau zusammen unsere drei Kinder groß.* Und aufgrund der Zeit, ist es besser so? **(Publikum: Ja!)** Ja. #00:01:41-2#

(...) *Technische Einstellung Mikrofon* #00:01:53-5#

Nico Köhler (Direktkandidat)¡: Ja, wie ist so der Einstieg in den heutigen Abend, über was kann man so reden? #00:02:01-9#

(..) *Technische Einstellung Mikrofon* #00:02:06-4#

Nico Köhler (Direktkandidat): Ich bin also durch unsere Stadt gefahren und, was natürlich jedem mittlerweile auffällt, sind die Wahlplakate, die so hängen. Nicht, dass ihr euch wundert, unsere kommen jetzt auch nach und nach. Wir sind seit letztem Donnerstag dabei, aber wie unser Vorsitzender Volker Dingenberg schon erklärt hat, sind wir ja eine kleine Partei. Das heißt, wir können uns nicht wie die großen Parteien es leisten, die ganze Stadt von Firmen ja plakatieren zu lassen, wir machen das Alles in Handarbeit selbst. Deswegen wird man uns dabei auch sehen. Aber was ich mir eigentlich dabei aufgefallen, als ich mir die Plakate so angeschaut habe? Ja, da sieht man einen wahrscheinlich sehr selbstsicheren Herrn Heinrich, der seine alten Plakate von 2009 und 2014 ausgepackt hat #00:02:55-0#

(Publikum: *Lachen)* #00:02:58-2#

Nico Köhler (Direktkandidat)¡: (starker Dialekt) (unv.) *von 2017, mit Null Inhalt. Also wie, ich weiß nicht, scheint so sehr* (unv. entspannt?) *zu sein in Berlin, scheint die Lage noch ein bisschen anders zu sein.* Dann sieht man noch den Herrn Müller. Ja, außer der wichtigen Aussage: "Einfach machen!" #00:03:20-8#

(Publikum: Die Pfeife!) #00:03:20-8#

'Nico Köhler (Direktkandidat)¡: Ich hatte mir schon überlegt, aber das ist ja strafbar, so Plakate zu bekleben, aber normalerweise müsste man Aufkleber machen: (starker Dialekt)*"So weiter", also "Einfach so weiter machen", weil, die zwei tun so, als wäre in den letzten zwei Jahren in unserem Land nichts passiert und es wäre Alles noch so wie immer!* (..) #00:03:37-3#

Publikum: *Gemurmel.* #00:03:40-5#

Nico Köhler (Direktkandidat)¡: Dabei hat doch gerade die BILD-Zeitung in einem sehr großen Artikel darüber berichtet, zum Thema "Ausländerkriminalität in Sachsen". Ja, da gab es eben vom Innenministerium die aktuellen Zahlen zu den Intensivtätern und den Straftaten von Ausländern. (starker Dialekt): *Und, ja, es ist ja schön, dass die BILD berichtet, sag ich, weil die Zahlen wirklich schockierend sind. Die Bildzeitung hat aber nicht geschrieben, dass die Ausländerkrimminalität explodiert. Und dass, der Herr (Bibbl?), was unser Landtagsabgeordneter ist, der ja die Anfrage gestellt hat, die Missstände aufgedeckt hat. Mike, was haben sie denn geschrieben? "Innenminister Ulbig schlägt in BILD Alarm!"* #00:04:26-1#

(Publikum: *Lachen*) #00:04:29-0#

Nico Köhler (Direktkandidat)¡: (..) Und: *"Jeder Dritte wird kriminell, so Sachsens Innenminister Markus Ulbich"*. Ja, aber die Informationen sind nun mal vom Herrn (Wibbl?) angefragt wurden und deswegen sind sie nur öffentlich geworden. Und da hat sich einfach mal gezeigt, dass sich seit 2015 die Lage weiter verschlimmert hat. Ich glaub, wer in der Stadt lebt, weiß es ja eigentlich, es gibt ja manche, die mit ihrer rosaroten Brille durch unsere Stadt laufen und irgendwie verschiedene Sachen nicht sehen, weil, es ist einfach so, dass Asylbewerber 7,66 Mal so viele Straftaten begehen, wie der sächsische Durchschnitt. Und? Sie werden ja trotzdem nicht abgeschoben. Die Freie Presse hat in diesem Hinblick, sonst ist sie ja auch immer sehr, ja, hm (..) offen. Hält sich ihre Berichte ja immer sehr gerne offen, aber sogar die Freie Presse hat geschrieben, dass es in Chemnitz pro 1000 Einwohner mehr Sachbeschädigungen, Baustellendiebstähle, Sexualstraftaten, Wohnungseinbrüche, Rauschgiftdelikte, Körperverletzungen, Raubstraftaten und Ladendiebstähle gab, als in unserer Landeshauptstadt Dresden. (..) #00:05:53-4#

(Publikum: Gemurmel) #00:05:53-4#

Nico Köhler (Direktkandidat)¡: (starker Dialekt) *Deswegen sag ich, die Sicherheit in unserer Stadt und in unserem Land muss endlich wiederhergestellt werden!* #00:05:58-3#

(Publikum: Applaus) #00:05:58-3#

Nico Köhler (Direktkandidat): (...) Und das heißt, ganz deutlich, dass es eine sofortige Abschiebung von abgelehnten und straffälligen Asylbewerbern geben muss, denn wer als Gast in unserem Land straffällig wird, hat sein Gastrecht bei uns im Land verwirkt! #00:06:20-5#

(Publikum: Starker Applaus) #00:06:20-5#

Nico Köhler (Direktkandidat)¡: (sehr schnell) Nun ist es ja so, dass wir, ja, viele Sachen hinnehmen und manchmal gar nicht merken, wie unsere Gewohnheiten und unser Leben umstellen, nur um solchen Sachen aus dem Weg zu gehen. Man beobachtet die Kriminalität in der Innenstadt -Wo gehen die Leute plötzlich einkaufen? Sie fahren nach Röhrsdorf. **(Stimmen im Publikum: Ja!)** Wenn in Röhrsdorf jetzt die Kriminalität zunehmen würde, na dann fahren wir eben woanders hin, immer dorthin wo wir uns gerade sicher fühlen. Aber, wir schauen der Sache nicht ins Auge. Nein, da sag ich ganz einfach: (langsamer) Jeder Gast in unserem Land hat sich so wie wir an unsere Regeln und Gesetze zu halten und nicht andersherum, dass wir uns daran anpassen, was wir hier haben! #00:07:14-5#

(Publikum: Applaus) #00:07:21-3#

Nico Köhler (Direktkandidat)¡: Des Weiteren müssen wir natürlich auch wissen, wer überhaupt in unser Land kommt. Da kann es nach sein, dass irgendwelche Menschen ohne Ausweis unsere Grenzen passieren können (starker Dialekt) *und wir sie dann nicht wieder abschieben können, weil sie keinen Ausweis haben.* #00:07:37-1#

(Publikum: Lachen, Applaus) #00:07:46-1#

Nico Köhler (Direktkandidat): Deswegen ist es deutlich: Wir müssen unsere Grenzen schützen, denn ich sag (schnell) ganz eindeutlich dazu: (starker Dialekt) *Mir wollen sichere Grenzen statt grenzenloser Kriminalität!* #00:07:54-1#

(Publikum: "Genau!", Applaus) #00:07:54-1#

Nico Köhler (Direktkandidat): Dafür ist natürlich wichtig, dass gerade die Organe, die dafür sorgen, dass unsere Gesetze umgesetzt werden können, natürlich auch dementsprechend ausgestattet werden. Gerade die Gerichte sind ja gerade sehr mit Widersprüchen von Widerspruchsverfahren von Asylbewerbern beschäftigt. Dass die also gar nicht mehr zum Arbeiten kommen. Da muss, die müssen personell und finanziell besser ausgestattet werden und müssen natürlich auch den Mut wiedermal haben die Gesetze auch durchzusetzen und nicht wegen irgendwelchen Kriminellen, nein, kulturellen Hintergründen irgendwelche strafmildernden Umstände walten zu lassen. Nein! Hier gilt der gilt der Islam nicht! Hier gelten unsere Regeln und die werden knallhart durchgesetzt! #00:08:47-1#

(Publikum: starker Applaus) #00:08:53-4#

Nico Köhler (Direktkandidat)¡: Nun kommt natürlich gern von den etablierten Parteien natürlich die Frage: "Ja, haben wir denn Geld für solche Sachen?" (Publikum: Gemurmel, "Ja, genau, wir haben") (starker Dialekt) *Also, seit Jahren ist es ja so, egal, was es ist, ob es Kinder sind, ob es Spielplätze sind, ob es irgendwelche anderen Sachen sind, wir müssen immer sparen.* Sparen, sparen, sparen, weil wir kein Geld haben, was wir erwirtschaften. Aber, da gab es irgendwann mal einen Moment, da hat Frau Merkel die Tore geöffnet in die EU und gleichzeitig in unser Land. Und plötzlich war Geld da! Und nicht gerade wenig! Ich hab dazu mal zwei Beispiele. Ist sehr interessant, dass man mal den Vergleich so sieht, was sich nur bei uns in der Stadt dort abspielt. So gab es also Unterbringungskosten von städtischen Asylantragstellern, (starker Dialekt) *wo wir sozusagen Gemeinschaftsunterkünfte und Wohnungen bezahlt hatten*, im Zeitraum vom 01.01. bis 30.06.2017(langsam) in Höhe von 4,5 Millionen Euro. #00:09:57-1#

(Publikum: Raunen, "Har, har" , "Ja komm, es reicht wohl", "Und das ist nur ein Beispiel") #00:10:04-0#

Nico Köhler (Direktkandidat): Mal zum Vergleich, wir sind ja hier nicht weit weg, es gibt ja oben das, wer es noch kennt, das sogenannte (Biehaus?), was jetzt "Punkt-West" ist, wo die Verreiser sitzen, die immer sehr, sehr gute Angebote machen für Kinder und Jugendliche aus (langsam) *sozial schwachen Familien (..) Ja, dort hat man gleich mal 30.000 Euro gekürzt*, weil kein Geld da ist. Das ist der Vergleich. Und jetzt hab ich noch eine Zahl, ich glaub, die ist noch ein kleines bisschen, ein kleines bisschen härter. Und zwar sind vom 0*1.01. bis 31.07.* (schnell) 2016, das sind *sieben Monate*, sind für durchschnittlich 230 UMAS, also die unbegleiteten (schnell) minderjährigen Ausländer, in Chemnitz 8,83 Millionen Euro ausgegeben wurden. (...) #00:10:56-6#

(Publikum: "Boahr!", "Uh!", Raunen, Unruhe) #00:10:59-3#

Nico Köhler (Direktkandidat)¡: Das bedeutet, pro UMA und pro Monat 5844 Euro. Und jetzt müsst ihr euch mal alle überlegen (starker Dialekt) *Nar, also wir sind ja eine Familie mit fünf Kindern, oder andere, wer hat das im Monat für seine Familie überhaupt zur Verfügung hat? Und der war den ganzen Monat arbeiten.* Ich glaub das sind, das sind die wenigsten und ich hab dazu mal einen Vergleich, denn wir haben ja aktuell in Kinder, äh aktuell in Chemnitz 24.371 Kinder und Jugendliche im Alter von sechs bis achtzehn Jahren, also der Stand 31.12.2016 und wenn wir jetzt zum Beispiel diese 8,83 Millionen Euro nehmen würden, für diese Kinder und Jugendlichen, wären das pro Kind im Monat 51,82 Euro. Jeder der ein Kind hat weiß was eine Sichtkarte kostet, bei der CVAG, sind wir (langsam) bei (starker Dialekt) *33 Euro und 30Cent (..) und da bleiben immer noch 18,52 Euro übrig, was man zum Beispiel als Zuschuss zum Schulessen geben könnte. Nar? Also wo man einfach gut die Familien unterstützen könnte. Deswegen sag ich hier ganz einfach: Es muss Schluss sein mit der Verschwendung unserer Steuergelder und es müssen endlich unsere Kinder und Familien gefördert und finanziell entlastet werden!* #00:12:25-7#

(Publikum: starker Applaus) #00:12:33-8#

Nico Köhler (Direktkandidat)¡: (langsam) Denn, vorrangiges Ziel, von unserem Volk muss sein, dass wir unser Geld vorrangig für unsere einheimischen Familien einsetzen, denn diese müssen wir fördern und unterstützen, denn nur so können wir kurz-, mittel- und langfristig unsere Kultur, Sprache und Identität sichern! #00:12:55-9#

(Publikum: Applaus) #00:13:03-0#

Nico Köhler (Direktkandidat)¡: Und das hat auch noch einen sehr guten Nebeneffekt, weil, dadurch schaffen wir, durch genügend Nachwuchs, auch wieder eine starke Solidargemeinschaft. Und das heißt, dass auch für kommende Generationen eine Absicherung im Rentenalter wieder möglich ist. Weil wir einfach wieder von unten aufbauen. (..) Deshalb nochmal: (starker Dialekt)] *Unsere Familien müssen gefördert werden denn* **Unsere** *Kinder sind* **unsere** *Zukunft.* #00:13:33-0#

(Publikum: starker Applaus) #00:13:40-7#

Nico Köhler (Direktkandidat)¡: (..) (starker Dialekt) *Wichtig für mich und das haben wir auch in unserem Programm drinnen, ein sehr wichtiger Punkt ist natürlich auch das Bekenntnis zur traditionellen Familie.* Weil wir müssen natürlich genau die Frauen und Männer stärken, die den Mut haben und die Kraft haben, Kinder auf die Welt zu bringen, sie zu begleiten und in unser System mit einzuführen. (starker Dialekt)] *Das macht uns (reich, glücklich. Na, das sind Erfahrungen, die man dann schon, ich glaub die meisten werden ja glaub Kinder haben, die wissen auch noch wie schön das ist, aber man weiß natürlich auch was man dafür investieren muss. Was man gerne tut, aber, ich sag mal, wenn man vom Staat irgendeine Förderung bekommt für die Kinder, wäre sehr gut.* Wir brauchen also auf jeden Fall wieder eine Willkommenskultur für Kinder (..) denn, in unserem Land müssen Kinder-, Familien- und Altersarmut endlich wieder der Vergangenheit angehören. #00:14:38-5#

(Publikum: starker Applaus, Jubel) #00:14:45-4#

Nico Köhler (Direktkandidat)¡: Ja, ich glaub die meisten wissen, was dafür nötig ist. (..)¶ Wir müssen uns am 24. September (starker Dialekt) *unser Land wieder zurückholen* **(Publikum: starker Applaus)** *und dafür* (unv. Applaus übertönt) eine Alternative für Deutschland! #00:15:01-6#

(Publikum: langanhaltender, starker Applaus) #00:15:08-4#

Nico Köhler (Direktkandidat)¡: Ich geh mal davon aus, dass der größte Teil an der Wahl teilnehmen wird, aber es ist natürlich wichtig, dass man auch mit den Menschen ins Gespräch kommt, die nicht wählen gehen, das sind immerhin 30% in unserer Stadt, ich glaub sogar 32, die an der letzten Bundestagswahl nicht teilgenommen haben, deswegen ist es wichtig, dass ihr vielleicht auch mit den Leuten das Gespräch sucht und sie dazu animiert ihre Stimme zu geben, weil ein was können wir denen erklären: Wenn sie nicht wählen gehen unterstützen sie genau diese Parteien, wegen denen sie nicht wählen gehen. Also, sprecht mit euren Freunden und Bekannten, Verwandten, Sportskammeraden, was man alles hat, dass sie am 24. September wählen gehen und *uns wählen,* denn wir *sind die einzige Alternative für Deutschland!* #00:15:58-4#

(Publikum: jubelnder Applaus) #00:16:12-2#

Rede Frauke Petry schließt an

Dr. Frauke Petry: #00:16:31-4# Dankeschön. Ja. Guten Abend meine Damen und Herren. (uv. technische Störung) Ich hoffe, dass Sie mich akustisch auch (uv. Störung) nicht verstehen, melden Sie sich bitte lautstark. Ja, es ist nicht mehr lange bis zum 24.9. und ich würd ganz gern von den Worten vom (uv.) Köhler einige zum Bundesprogramm folgen lassen. Ich geh davon aus, dass das nicht alle gelesen haben. Das ist nicht schlimm, das lesen auch viele AfD-Mitglieder nicht, aber dazu sind solche Abende ja auch da, dass wir Ihnen das versuchen nahezubringen, was uns in dem Programm wichtig ist. Das (uv.) Alles und deshalb haben Sie heute die Gelegenheit an uns, also an Nico Köhler, an (uv.) und mich Fragen zu stellen und ich sage es zu solchen Gelegenheiten immer gerne vorab: Wenn hier heute Abend hier nicht genügend in dem Wahlprogramm finden, deswegen empfehle ich es doch mal: Lesen Sie es doch mal! Haben wir genügend zum Verteilen, Wahlprogramme? Wunderbar! Da liegen welche zum Verteilen. Sie finden es auch im Internet, auf der Bundesseite der Partei. Es ist sehr viel kürzer als manches Wahlprogramm der anderen Parteien, weil wir uns das gespart haben rein zu schreiben, was wir nach der Wahl sowieso nicht umsetzen wollen und was für die Umwelt tun. #00:18:42-9#

Publikum: *lachen* #00:18:42-9#

Dr. Frauke Petry: *(unbeirrt)* Und deswegen: So schick wie es da ist, lohnt es sich vielleicht mal. Es gibt's inzwischen, glaube ich, auch zu hören. Eine Audioversion gibt es auch, die hab ich selbst noch nicht angehört. Aber bitte stellen Sie alle Fragen. E gibt kein taktisches Weglassen. Das möchte ich gern bemerken, weil wir immer wieder feststellen, dass unsere Konkurrenz entweder Fragen gar nicht zulässt, oder gewisse Themen absichtlich nicht anspricht, oder, das ist die Dorrentaktik (?) so tut, als trete sie ein für eine Partei und folgt hin darauf Programme die in der Partei gar nicht zu finden sind. In meinem Wahlkreis, in SUE, der Land- (uv. schnell gesprochen) CDU-Kandidaten Rämisch, bei dem man eigentlich das Gefühl hat, dass er in die AfD gehört, aber es zu ungefähr. Man kann ja jetzt nicht (uv. schnell gesprochen), was er eh nicht umsetzen wird. Nur so, dass er auch seinen Dienst macht. *(schnell und monoton gesprochen)* #00:19:30-9#

Wir machen das ein bisschen anders: *(betont)* Und deshalb schließ ich vielleicht gleich aktuell an das Thema, das uns wieder einmal, leider, seit dem Wochenende beschäftigt. Man muss ja fast sagen, es überrascht einen leider gar nicht mehr, wenn der nächste Terroranschlag passiert und wenn man das sagt, stellt man fest: Wir klingen alle inzwischen schon relativ zynisch. Eines sollten wir nicht tun: Wir sollten uns mit dieser Situation nicht abfinden! Es ist nicht normal im 21. Jahrhundert in Europa #00:20:03-3#

Publikum: *Applaus* #00:20:03-3#

Dr. Frauke Petry: (uv. Applaus) Als normal versucht das der Innenminister herzustellen, De Maiziere, oder auch die SPD, die schon lange so tut, man müsse mit dem Risiko (uv. Störung) auf dem Zug gesagt, das hinnehmen. Nein. Diese Art von Terrorismus ist keine Kehrseite oder der Medaille und Freiheit eben nicht die Kehrseite, sondern, dieser Terrorismus, den wir in Europa erleben, nicht nur in Europa, aber vorallen Dingen immer mehr hier, ist eine Folge, einer völlig verfehlten Einwanderung-, Bevölgerungs- und Grenzpolitik. #00:20:45-4#

Publikum: *Applaus* #00:20:52-6#

Dr. Frauke Petry: Wir werden noch einmal darüber nachdenken, was man tun kann. Heute Morgen kam Alice Weidel und Alexander Gauland in der Bundespressekonferenz in Berlin noch einmal das Asylkonezpt der AfD vorgestellt, an dem wir seit 2013 arbeiten, und an seinem umfassenden Beispiel aus dem sächsischen Lande: Unser Oberbürgermeister in Leipzig hatte vor kurzem verkündet, es gäbe in Leipzig keine "no Go Areas". #00:21:19-6#

Publikum: *lachen* #00:21:19-6#

Dr. Frauke Petry: Vor einigen Monaten habe ja einen etwas veränderten Karnevalspreis in NRW erhalten, dort sagte man nämlich auch, der ein oder andere Politiker, meine Behauptung, es gäbe im Norhein-Westphalischen 90er-Jahre, damals hab ich da gewohnt, das sei auch so fantastisch und so unglaublich, dass man dafür eben sogar einen satirischen Karnevalsorden an mich vergibt. Und wir wissen, dass so wie in Ruhrgebietsstädten wie Gelsenkirchen oder auch Duisburg tatsächlich Stadtteile haben, wo die Polizei nur sehr ungern oder in größerer Mannstärke hingeht, wie auch Leipzig, zum Beispiel die Eisenbahnstraße haben, wo man sich heutzutage als normaler Bürger nicht mehr so ohne weiteres hintraut. Und dann kommt auch die Retourkutsche von Innenminister Ulbrich, der nämlich im Gegensatz zu Herrn Jung sagt: Wir sollten in Leipzig Waffenverbotszonen in bestimmten Straßen. Wir haben so wenige "No Go Areas", so gar keine, dass wir Waffenverbotszonen für genau diese Regionen in Leipzig aussprechen müssen. Da haben die Beiden offenbar nicht miteinander geredet und Tatsache ist, dass wir heute nicht nur von Mitgliedern, die bei der Polizei in Leipzig arbeiten oder von wären, wir haben nicht nur in Connewitz Straßen, wo die Polizei nicht mehr hingeht. Wir haben nicht nur immer wieder Brandanschläge auf von uns bezahlte Infrastruktur, wie Bahnanlagen oder ähnliches mehr, wie haben eben auch die Straßenzüge, wo die Polizei nur noch selten Streife fährt und Streitigkeiten zwischen Deutschen schlichtet, sondern zwischen Ausländern, die häufig mit der Polizei (uv.) . Und das meine Damen und Herren, das muss beendet werden! Wir brauchen ein Durchgreifen der Politik auf der Straße. Und wohlgemerkt geht dieser Apell nicht an die Polizisten, die das viel häufiger gern täten, wir richten diesen Appell an die Ministerien, denn dort sitzt die politische Rückendeckung der Polizisten, oder der Polizeipräsidien. Und da braucht es noch nicht mal Geld! Die brauchen zwar Ausstattung, mehr Polizisten und das Alles braucht Zeit, aber die Polizisten, die da sind, die könnten von heut auf Morgen damit unterstützt werden, dass Ministerien und Polizeipräsidien endlich das unterstützen, was die Polizisten liebend gern täten, nämlich für Ordnung sorgen. #00:23:35-0#

Publikum: Starker, kurzer *Applaus* #00:23:35-0#

Dr. Frauke Petry: Der Rechtsstaat drängelt zwar an ganz vielen Stellen, aber es gibt nach wie vor in Deutschland Grundgesetze und gerade wenn es um Gegendemonstrationen und Sachbeschädigungen, um auch Androhung von Mord und Ähnlichem geht. Und Polizisten und auch Justiz könnten handeln, wenn Richter und Staatsanwälte an vielen Stellen mitzögen und sich nicht auf politische Interessen anderer Parteien beschränken. Dort könnte man dafür sorgen, dass zum Beispiel, ganz einfaches Beispiel: Gegendemonstranten, die ja häufig auch gewalttätig werden bei unseren Veranstaltungen. Heute und hier in Chemnitz nicht, aber vielerorts, in Leipzig, wo die nicht nur an einem entfernten Ort zum Demonstrieren abgedrängt würden, sondern von denen einige die Sitzblockaden veranstalten, die 2014 Schaum in die Auspuffanlagen von diversen Fahrzeugen unserer Demonstranten gesprüht haben, wenn die einfach einer gerechten Strafe zugeführt würden. So manches Muttersöhnchen und Töchterchen würde sich beim zweiten Mal sehr genau überlegen #00:24:47-2#

Publikum: *Applaus* #00:24:47-2#

Dr. Frauke Petry: ob sie (uv. durch Applaus). Haben wir in Sachsen um diese Themen in die Öffentlichkeit zu bringen schon in 2014 im Landtag versucht diese Themen zu analysieren. Wir wollten härter Vorgehen gegen Linksextremismus. Wir haben Anträge auch gestellt wegen Finanzierung offen (uv. zu schnell, Dialekt) angesichts des G20-Gipfels in Hamburg, an den Sie sich sicher erinnern, gefordert, dass die Finanzierung für so immente Demokratievereine, die allzu häufig ein Ort für die Vorbereitung linksextremer oder linksterroristischer Aktionen gilt, dass diese Finanzierung nicht nur offen, sondern trockengelegt wird. Sie können sich vorstellen, wie unsere Parteien im Landtag reagiert haben, nämlich gar nicht. Wir haben ein Sonderplenum, also eine Sondersitzung gefordert, für die Sommerpause, aber da wir bisher keine 25 Prozent dieses Landtags stellen, wurde uns diese Idee verweigert beziehungsweise Nicht-Idee, und wir werden diese Themen bei den nächsten Plenarsitzungen ab demnächst wieder thematisieren müssen. #00:25:59-3#

Meine Damen und Herren, ich habe gerade Martin Uhland (?) erwähnt. Der Anschlag, bei dem wieder einmal mehrere Menschen ums Leben gekommen sind. Es sind inzwischen fünfzehn Menschen in Folge dieses Anschlags gestorben. Heute, das haben Sie vielleicht gelesen, ist es zu einem weiteren Anschlag in Marseille am Mittelmeer gekommen und da lag dann passend ein psychiatrisches Begleitschreiben auf dem Beifahrersitz des Fahrzeugs#00:26:22-4#

Publikum: *lachen* #00:26:22-4#

Dr. Frauke Petry: (uv. durch Lachen) der psychisch gestörte Einzeltäter, sind offenbar auch dabei (uv. zu schnell). Es ist mir eigentlich egal, ob diese Damen und Herren, meistens sind es Herren, psychisch gesund oder psychisch gesund sind, ob nun Kriminelle oder Islamisten oder eben psychisch Gestörte unter denen einreisen lassen, spielt keine Rolle. Sie gehören hier nicht hin, wenn sie diese Rechtsordnung nicht achten. #00:26:49-0#

Publikum: *Applaus* #00:26:57-0#

Dr. Frauke Petry: Erinnern Sie sich noch, was uns gesagt wurde, als ab Ende 2014 auf Dresdens Straßen, aber auch woanders, ein Zusammenhang zwischen illegaler Migration und dem Voranschreiten einer Islamisierung beklagt wurde? Wir wurden alle, die wir das Thema anpackten, zu Fremdenfeinden und Extremisten gestempelt. Nun können Sie in ersten großen deutschen Zeitungen, wie zum Beispiel letztes Wochenende in der FAZ, lesen, dass es, *oh Überraschung,* einen Zusammenhang zwischen muslimischer Einwanderung und #00:27:34-4#

Publikum: *lachen* #00:27:34-4#

Dr. Frauke Petry: und Terror gibt und damit zwischen dem Islam und dem Terror. *Wer hätte das gedacht?* (langgezogen)#00:27:41-4#

Publikum: *Lachen und Applaus* #00:27:41-4#

Dr. Frauke Petry: (...) Vorhin, als Nico Köhler sprach, hab ich noch einen aktuellen Artikel in der BILD gefunden, den kann ich Ihnen auch zum Lesen empfehlen. Da wurde auch nochmal die Lebensumgebung der spanischen Attentäter mit marokkanischem Ursprung eben untersucht und die These, dass es die abgelehnten muslimischen Einwanderer sind, die solche Taten begehen, die zieht auch, überraschender Weise, nicht. Die waren nämlich, auch nach unseren Maßstäben, relativ gut integriert. Und man nimmt zur Kenntnis, dass es offenbar Kontakt zu einem Imman gewesen sei, so in diesem Zeitungsbericht, der diese Jugendlichen radikalisiert hat. So, deswegen, liegen wir mit unserer Ansicht in der AfD goldrichtig, dass wir islamische Einwanderung in den Kontinent beenden müssen. Es geht nicht darum, dass wir a) die Einwanderung grundsätzlich negiert, aber wir haben über Jahre und Jahrzehnte und man kann das zurückverfolgen, in der alten Bundesrepublik bis in die 70er, 80er Jahre, Einwanderung über das Asylrecht zugelassen. Integration in der zweiten und dritten Generation hat vielerorts nicht funktioniert, weil viele Deutsche offenbar auf ihre eigene Kultur nicht in dem Maße stolz sind, dass sie in der Lage sind, dies auch Einwanderern nach Deutschland offen zu vermitteln. Stattdessen versteckt man die deutsche Kultur und schämt sich ihrer. #00:29:07-6#

Publikum: *Raunen* #00:29:07-6#

Dr. Frauke Petry: Das sind die Sünden, die wir so schnell nicht loswerden. Wir müssen aber jetzt eben eines tun: Endlich einen Riegel vorschieben und benennen, wo das Problem liegt. Und deswegen bin ich froh, dass wir letztes Jahr als Partei die Kraft gefunden haben, ganz klar und deutlich auszusprechen, dass der Islam, so wie er vieler Orten auf der Welt gelebt wird, eben auch von vielen Migranten in Deutschland mit dem Grundgesetz nicht vereinbar ist und deswegen in dieser Form nicht nach Deutschland gehört. #00:29:33-9#

Publikum: *langer Applaus, stimmlos*#00:29:33-9#

Dr. Frauke Petry: Sie dürfen nun zu Recht fragen. Was machen wir denn nun? Was machen wir mit der aktuellen Situation, in der wir über 1,3 Millionen Migranten in Deutschland haben? Wahrscheinlich sind es noch ein bisschen mehr. Es fällt nach wie vor offenbar schwer sie zu zählen, weil die Registrierung überfunktioniert, weil die Scanner, die in unseren Einwohnermeldeämtern dafür gebraucht werden, gar nicht in ausreichender Zahl produziert werden können, die jeweiligen aus erstaunlichen Summen kosten würden. Die Personen-Fingerabdruckscanner im Handyformat inzwischen eben kosten, die sehr viel billiger, aber eben offenbar nicht geeignet. #00:30:24-2#

Was machen wir denn? Und dazu hat ja die seit geraumer Zeit die NSA Antworten gegeben, die alle nicht schön sind. Das will ich gleich vorab sagen. Ich habe manchmal den Eindruck, dass viele Politiker, der anderen Parteien, die auch erkannt haben, dass fundamental etwas schief läuft in diesem Land, die glauben, *es gäbe eine schöne Lösung, für ein hässliches Problem.*(langsam) das hässliche Problem haben wir uns selbst über Jahrzehnte geschaffen. Wir haben Leute ins Land gelassen, die offenbar nicht bereit sind, sich in unsere Kultur zu integrieren. Und die, wie in (uv.) und anderswo, Berlin, sie kennen alle die Orte, bereit sind, gegen uns zu kämpfen, weil sie unsere Kultur, auch in Zukunft, nicht akzeptieren wollen und keine Rede von Integration ist. Von Integration reden nur diejenigen, die der Meinung sind, wir müssen uns integrieren und nicht diejenigen, die nach Deutschland kommen. #00:31:13-4#

Publikum: *Applaus* #00:31:13-4#

Dr. Frauke Petry: Wenn wir heute überlegen, was wir tun wollen dagegen, muss man an mehreren Stellen ansetzen. Also auf der einen Seite ist eine Maßnahme relativ klar, und viele von Ihnen wissen vielleicht nicht, dass die auch 2015 von Herrn De Maiziere beinahe vollzogen worden wäre, und zwar da geht's um die

Kontrolle der Grenzen. Es ist weiterhin ja bekannt, dass Frau Merkel mit ihrer einladenden Geste am 4., 5. September die Tore weit aufgemacht hat. Sie waren davor aber auch schon weit auf und die AfD Sachsen hat das auch 2014 im Landtagswahlkampf schon thematisiert. Herr De Maiziere hätte damals die Möglichkeit gehabt, und der Vorsitzende der Bundespolizei, Herr Womann, hatte alle Maßnahmen bereits vorbereitet, um die Grenzen zu Österreich so dich zu machen, dass illegale Migration nicht funktioniert hätte. Frau Merkel hat das außer Kraft gesetzt, weil der Herr De Maiziere nicht, Verzeihung, den Hintern in der Hose hatte, um seine Bundespolizei anzuweisen, genau das zu tun. (uv. Dialekt). Hat er hinterher wieder versucht gut zu machen, hat nicht mehr geklappt. Das heißt, wir haben haben einerseits die unbedingte Pflicht und wir haben die Möglichkeiten die Grenzen zu kontrollieren und jeden, egal wo er an deutschen Grenzen ankommt, zurückzuweisen, wenn er keinen Pass oder kein Visum hat. Das ist Maßnahme Nummer Eins, meine Damen und Herren. Und sie ist mehr als überfällig. #00:32:40-1#

Publikum: *Applaus.* #00:32:40-1#

Dr. Frauke Petry: Was tun wir aber mit den Menschen, die schon hier sind? Ich rede nicht von denen, die hier schon eingebürgert sind, sondern hab in der Zeitung gelesen "Drei Deutsche vergewaltigen eine Frau an einem spanischen Badestrand", wo sich hinterher herausstellt, das waren, Deutsche marokkanischer Herkunft, die (uv. Husten) nach Deutschland herholten. Über die reden wir an zweiter Stelle. Wir reden über die, die jetzt Asylbewerber sind, in einem Verfahren oder mit einem abgelehnten Verfahren oder noch gar keinem Verfahren, denn der Rückstau von den Asylverfahren ist nach wie vor riesig. Das, was die Bundesregierung versprochen hat, dass sie die Verfahren innerhalb von drei Monaten, von sechs Monaten, erledigt sein sollten, das stimmt halt eben vieler Orten eben nach wie vor nicht. #00:33:26-4#

Ja, meine Damen und Herren, an der Stelle ist die AfD auch zu rigorosen Maßnahmen bereit. Wir sagen nämlich, dass der individuelle Anspruch auf Asyl, der im Artikel 16a des Grundgesetzes steht, unter diesen Bedingungen nicht zu halten ist. Wir können es nicht zulassen, dass hunderttausende oder perspektivisch auch eine siebenstellige Anzahl von Personen einen indivduellen Anspruch gegen den deutschen Staat auch vor Gerichten geltend macht #00:33:55-7#

Publikum: *murmeln* #00:33:55-7#

Dr. Frauke Petry: Kosten, trägt auch der Staat, das heißt, wir alle als Steuerzahler. Dieses Recht haben sie in den allermeisten Fällen nicht, das ist bekannt, denn die Anerkennungsquote, für politische Verfolgung, was die Definition von Asyl ist, die ist seit Jahren und Jahrzehnten nicht gestiegen, die liegt immer noch bei 1 bis 2 Prozent. Und der allergrößte Teil der restlichen Asylbewerber, das wissen wir alle, sind Migranten, in einigen Teilen Kriegsflüchtlinge, und die haben in Deutschland keinen Anspruch auf diesen umfassenden Schutz. #00:34:27-1#

Publikum: *Applaus* #00:34:34-2#

Dr. Frauke Petry: Damit sie ihn dennoch einklagen können und auch während der Zeit des Einklagens vollumfänglich Sozialleistungen beziehen, auch wenn die offiziell dann eben nicht den Titel "Asyl" Zuwendung tragen, sondern eben "Notleistung" heißen, was das Gleiche in Grün ist, liegt daran, dass die Europäische Union über den Artikel 16a hinaus Regelungen geschaffen hat, die Bewerber für ein solches Asyl gleichsetzt mit Flüchtlingen nach der Genfer Flüchtlingskonvention oder anderen Schriebskriterien (?). Und darin liegt der Hase im Pfeffer, deswegen hätten wir heute den Artikel 16a abschaffen hätten wir das Problem immer noch, weil die Regularien der Europäischen Union uns zwingen defakto gleich weiter zu agieren und die muss einhergehen mit einer Neuregelung des 16a, am besten außerhalb des Grundgesetzes, in einem einfachen Gesetz. Ein Aussteigen, aus europäischen Regeln, die sowieso nicht funktionieren und die uns, als Deutschland, quasi Handlungsunfähig machen. #00:35:31-6#

Publikum: *Applaus* #00:35:31-6#

Dr. Frauke Petry: Dann kommen wir dazu, was mit denjenigen eben faktisch passiert, die hier sind. Dort müssen die Verfahren schnellstens beendet und diejenigen abgeschoben werden und noch besser, oder was wir uns vorstellen, wäre diejenigen, die gekommen sind von vorneherein zurückzubringen, in sichere Asylzentren, zum Beispiel Libyen oder anderen nordafrikanischen Ländern, wo dann eben über ihren Antrag entschieden wird. Und ich bin mir relativ sicher, dass, diejenigen, die es nicht mehr schaffen auf den europäischen Kontinent oder nach Deutschland zu kommen, das die möglicherweise sich nicht mehr in vielen Fällen Stellen erinnern werden, wo sie eigentlich herkommen sind, dass vergessen die ja auch teilweise wieder relativ schnell. Sie werden vermutlich auch in ihr Heimatland zurückkchren, wenn ihnen klar ist, dass sie keinen Anspruch auf finanzielle Leistungen in Europa, in Deutschland haben. Darum geht es, dass wir an der Stelle auch entlarven, dass wir unter dem Asylgesetz illegale Migration für Personen betreiben, die gar keinen Anspruch auf hier haben. Und deswegen verlangt die AfD, dass wir Schluss machen mit der Einreise nach Deutschland, mit der Missachtung von Artikel 3 nach der Asylbewerber, das hab ich jetzt neulich auch gelesen, in den meisten Fällen sowieso nicht antragsberechtig in unserem Land wären. Die Leute die in 2015 war das glaub ich, in 2016, gekommen sind, wieder sechsstellige Zahlen. Das wäre eine Maßnahme. Was man tun muss, ist unter anderem auch Verhandlungen mit afrikanischen Ländern führen, meine Damen und Herren. Die Bundesregierung hat vor einem Jahr ungefähr, oder anderthalb Jahren, mal die ganzen blauen Briefe in Entwicklungsländer geschrieben und die sagen eindringlich (uv. Telefonklingeln, Person im Publikum spricht neben Aufnahmegerät) die sagen "Dann" - "Ja was denn dann?", dann darf's nicht die Konsequenz, Entwicklungshilfegelder zu Strand (?) , (uv. Person spricht weiter) wurde nicht einmal angedacht, geschweige denn ausgeführt. An der Stelle hilft aber nur politischer, und das heißt, meine Damen und Herren, finanzieller Druck, um die Herkunftsländer, die uns häufig genug nicht nur, angeblich ihre gut gebildeten Fachkräfte schicken, sondern viel zu häufig auch Kriminelle und Menschen, die am Rande der dortigen Gesellschaft schon leben. Die müssen eben auch dazu genötigt werden, das zu tun, was bei uns Recht und Gesetz ist. #00:37:49-9#

Publikum #00:37:49-9#: *Applaus #00:37:58-7#*

Dr. Frauke Petry: Sie sehen, das sind keine leichten Maßnahmen und es wurde auch gehört, dass eben Abschiebungen sehr viel konsequenter vollzogen würden, auch in sehr viel größeren Zahlen, als das bisher möglich ist. Dazu gehört auch, dass Frontex (?) auf dem Mittelmehr sich nicht zum Helfer der Schlepperboote macht, sondern konsequent alle Flüchtlinge oder wie manche da aufgelesen werden, zurück an die nordafrikanische Küste gebracht werden #00:38:20-5#

Publikum: *starker Applaus #00:38:20-5#*

Dr. Frauke Petry: (uv. durch Applaus) kreuzen auf dem Mittelmeer diverse Schiffe von sogenannten Nicht-Regierungs-Organisationen, die aus Europa, aus Deutschland und auch aus anderen Ländern der Welt großzügig finanziell unterstützt werden. Die machen sich genauso zu Mithelfern der Schlepper wie das Merkel 2015 getan hat. #00:38:45-1#

Publikum: *Applaus #00:38:45-1#*

Dr. Frauke Petry: Kurz und gut. Das wird ein großes Stück Arbeit und ich fürchte, solange die AfD nicht substanziell in deutschen Parlamenten etwas zu sagen hat, wird nicht viel passieren. Wir können ab dem 25. September in den Bundestag erst einmal. Wir können den politischen Druck durch Transparenz bei all diesen Fakten helfen, die Diskussion am Laufen zu halten. Wenn die neue Bundesregierung, der wir aller Wahrscheinlichkeit nach nicht angehören werden, dies nicht umsetzt, stehen wir da und gucken nur zu. Das heißt, AfD im Bundestag muss sein, aber ich komm auch dazu: Das reicht noch lange nicht, umsetzen können wir erst, wenn wir Teil einer Regierung sind. #00:39:30-5#

Publikum: *verhaltenes Klatschen, nur einzelne* #00:39:33-9#

Dr. Frauke Petry: Ja meine Damen und Herren, das ist etwas, das habe ich schon häufiger gesagt, dazu kommen wir am Ende noch. Das heißt, das Thema Asyl wird uns für die nächsten Jahre beschäftigen und laut einer Umfrage interessieren sich nur noch knapp ein Drittel der Deutschen, 29 Prozent, für das Thema Zuwanderung, das liegt meiner Ansicht nach auch daran, dass wir in vielen Zeitungen mit dem *(spricht langsamer:) Vokabular so ein bisschen verschaukelt werden. Und zwar wird dort von Flüchtlingen geredet und von Schutzsuchenden.* Flüchtlinge waren es vorher. Man hat das Gefühl, dass viele Politiker aber auch die Journalisten, immer neue Vokabeln erfinden, um nicht darüber zu reden, was wirklich Sache ist. Nämlich, dass es hier um illegale Migration geht. Und deswegen ist das Thema Bildung, und die Sichtbarmachung von Nicht(?) Zensuren, die haben wir auch in einigen Teilen in unserer (uv.), sondern von dem Versuch, mit Sprachregelungen am Ende auch Denkregelungen einzuführen. Deswegen ist auch die Aufklärung darüber so wichtig und richtig. Wir haben 2014 im Landtagswahlkampf schon darüber gesprochen, dass wir die deutsche Sprache mehr gefördert sehen wollen. Wir haben beantragt, dass diese als Kulturgut in der sächsischen Verfassung verankert wird und wir stellen aber fest. dass all diese Ansinnen nur mit einem Nein entschieden wurden. Das ist heute noch bei den meisten Parteien nicht erwünscht. Wir bleiben aber dabei, dass, wenn wir nicht mehr frei reden können, wenn wir uns Sprechverbote oder Sprechregelungen gefallen lassen, dass dann eben, neben den Wörtern der Sprache, auch die Wahrheit und die Kontroverse auf der Strecke bleibt und dass meine Damen und Herren, sollten wir auf keinen Fall zulassen. #00:41:13-5#

Publikum: *Applaus* #00:41:13-5#

Dr. Frauke Petry: (uv. Applaus) das sein, insofern ist auch das Thema nicht neu, sondern schon sehr alt. Was in den Märchen "Des Kaisers neue Kleider" beschrieben sind, wo es eben immer das unerschrockene Kind braucht, das sehr unverblümt und sehr undiplomatisch, die Wahrheit ausspricht. Ich glaube, das ist ein Anspruch, den wir für uns weiter annehmen sollten. #00:41:46-8#

Publikum: *Einzelner Klatscher* #00:41:48-1#

Dr. Frauke Petry: Meine Damen und Herren, damit bin ich bei dem Thema Kultur, Medien und Bildung. Das ist zwar in vielen Fällen Landesthema #00:00:00-0#

Auslassung der Volltranskription, Weiterführung als Protokollierung, da nicht relevant für Fragestellung. Weitere Themen:

#00:41:59-2# Rundfunkgebührenbeitrag

#00:45:45-2# Bildung und Bildungsplan

#00:47:58-8# Gendermainstreaming als Verdummungspotential der Kinder

#00:48:18-1# Frühsexualisierung

#00:48:43-4# Bildungsplan

#00:49:24-1# Inklusion als Fehlentscheidung

#00:51:27-5# Ehe für Alle; Verneinung des Adoptionsrecht gleichgeschlechtlicher Paare; Sexualität als Privatsache; Ehe für alle führt zur Vielehe

#00:56:10-6# Keine Gleichstellung von Mann und Frau durch Unterschiedlichkeit der Geschlechter durch Biologie

#00:57:01-4# Notwendigkeit großer Anteile Wählerstimmen

#00:57:26-7# Ziel Wahl 2021 als stärkste Partei

Anschließend Diskussion #01:02:54-9#

Facebook-Eintrag Lars Franke

Lars Franke,

17.02.2017

Post auf Facebook,

Verfügbar unter

https://www.facebook.com/permalink.php?story_fbid=813050915514483&id=2
97912933694953

„Hier wie versprochen die Hintergründe vom gestrigen Überfall in Chemnitz Helbersdorf (Am Flughafen).

Ich habe den Mario heute besuchen können und mit ihm die Fragen für euch beantwortet. Da ich natürlich nicht dabei war, vertraue ich allein auf seine Aussagen und hoffe dass dies alles so stimmt. Er war ziemlich entspannt, aber trotzdem in Sorge um seine Frau die nun dort allein in der Nähe der Täter wohnt (genau gegenüber). Ich kenne auch nicht sein soziales Umfeld, Äußerlichkeiten interessieren mich nicht, er ist werktätig, dass zeigt zumindest seine soziale/gesellschaftliche Verankerung. Wünschen wir ihm hiermit alles Gute und hoffen auf eine schnelle Ermittlung und die Aufklärung der Tat und der Hintergründe. Ich bleibe natürlich dran.

Frage 1: Wer sind Sie?

- Mein Name ist Mario W. Ich bin 45 Jahre alt und wohne in Chemnitz

Ich arbeite in Rottluff als Maschinenbediener, Papa und Lebensgefährte einer wundervollen Frau

Frage 2: Wie ist es zur Begegnung mit den späteren Tätern gekommen?

- Am gestrigen Abend 16.02.2017 war ich an der Stollberger Straße/ Südring im Edeka, um für mich und meine Freundin (wo ich zu Besuch war) etwas zu Abendbrot zu holen. Am Tunneleingang (Gewächshäuser), traf ich auf Freunde/in von mir, die sich dort ab und an nach der Arbeit treffen, ein Bierchen trinken und quasseln, eigentlich nichts Ungewöhnliches.

Der Treff dort, ist für viele aus dem kleinen Gebiet, der einzige Punkt um soziale Kontakte zu pflegen, auch paar junge Leute sind dort ab und zu mit vor Ort. Als wir eine Weile dort standen, kam eine Gruppe Jugendlicher Südländer auf uns zu und pöbelte unvermittelt gegen eine junge Frau aus unserer Gruppe. Die jungen Männer würde ich auf 14-17 Jahre schätzen. Da die jungen Männer in mir einer unverständlichen Sprache kommunizierten (vermutlich arabisch), eine bedrohliche Haltung uns gegenüber ein nahmen, beschlossen wir diese Gruppe zum Selbstschutz zu vertreiben. Erst forderten wir die Gruppe Südländer verbal auf uns in Ruhe zu lassen, dann ging ich auf diese zu (manchmal ist vorn die beste Verteidigung). Es war hier ca. 20.00 Uhr.

Ich ging also dann die Treppe in Richtung zu den Jungen hoch und lief auf sie zu.

Nun begann ein Martyrium, womit ich nicht gerechnet hatte! Die jungen Männer holten aus irgendeinem Versteck lange Holzknüppel (ähnlich Schaufelstielen) und schlugen ohne Vorwarnung auf mich ein. Mich trafen massenhaft Schläge, wobei immer versucht wurde auf mein linkes Knie zu schlagen um mich so zu Fall zu bringen.

Zum Zeitpunkt des Angriffs wurde ich von 4 Tätern geschlagen.

Nach kurzer Zeit, bemerkte ich, dass es mir heiß das Ohr herunterlief und meine Schulter voller Blut war. Einer der Angreifer muss mich also mit einem Messer oder anderen scharfen Gegenstand an dem Ohr verletzt haben. Meine Freunde waren in der kurzen Zeit nicht mit vor Ort (an das was ich mich noch in dem Stress erinnere). Danach liefen die Täter schnell in Richtung Usti nad Labem fort. Gegen 20.45 Uhr, rief meine Freundin den Notarzt.

Frage 3: Gab es schon vorher Kontakt mit den syrischen Tätern?

Es gibt bei uns im Viertel schon des Öfteren Probleme mit in den Wohnungen dort wild untergebrachten Ausländern, ob es genau diese waren weiß ich nicht

Frage 4: Wie war der weitere Ablauf nach der Flucht der mutmaßlichen Täter?

- Die Kerle rannten wie gesagt in Richtung Usti und ich hinterher. Im Haus 303 der „Tag und Wohnen" Gesellschaft, liefen sie in den Eingang und verbarrikadierten sich. Ich und mittlerweile mehrere Nachbarn, warteten nun auf das Eintreffen der Polizei. Mir wurde nun mittgeteilt, dass mein Ohr fast zur Hälfte ab ist, das Stück aber glücklicherweise gefunden wurde und gesichert.

Ich muss hierbei sagen, dass mir fast nur Kids und sehr junge Jugendliche zur Seite gestanden haben.

Frage 5: Was haben Sie für Verletzungen?

- Wie gesagt, mein Ohr wurde mit einem scharfen Gegenstand fast abgetrennt und durch 22 Stiche in der Notbehandlung so gerettet, dass Stück wieder angenäht und alles verbunden.

Weiterhin habe ich ein zerschlagenes Knie, Hämatome am Kopf, Brust und den Armen. Wäre das Messer nur 5 cm weiter unten gelandet, hätte es auch meinen Hals treffen können, somit noch einmal Glück gehabt.

Frage 6. Wurden die Täter festgenommen?

- Also einer der Täter wurde mitgenommen, mehr weiß ich leider nicht. Auch wer das Messer nutzte war bis dahin nicht ganz klar. Das Messer wurde glaube später im Gelände wiedergefunden und gesichert.

Frage 7. Was gedenken Sie jetzt zu unternehmen?

- Weiterleben und mich nicht verstecken, ich werde auf jeden Fall auch zivilrechtlich gegen diese Leute vorgehen. Die polizeiliche Anzeige hat die Polizei selbst erstellt.

Frage 8. Haben Sie schon schlechte Erfahrungen mit Asylbewerbern oder anderen Ausländern machen müssen?

- Eigentlich nicht, Idioten gibt es überall, egal ob Deutsche oder Ausländer, ich behandle beide Seiten gleich.

Schlimmen Erfahrungen musste ich allerdings zu Silvester 1995/96 machen. Ich wurde in Dresden bei einer Parkfeier von einem Iraker und Afrikaner mit einem Stillet so schwer verletzt, dass ich notoperiert werden musste. Narben an meinem Hals und dem ganzen Kopf, machen den Überfall immer noch deutlich.

Hier noch der veraltete Bericht vom heute früh https://www.facebook.com/ tag24.chemnitz/posts/840676096070067

Ich bedanke mich für das freundliche Gespräch, Lars Franke"